L'Oracle du SILENCE des ÂMES

De la même auteure, chez le même éditeur

Le Shadow Work d'Isabelle Cerf, 2024.
Explorations et révélations, agenda 2024.
L'Oracle du cri des âmes, 2023.
AstroGuidances, agendas 2022 et 2023.
Le Pouvoir insoupçonné de tes blessures et de tes blocages, 2022.
À la découverte du pendule, 2022.
Les Nombres boussoles, 2022.
Le Chakra du cœur (extension), 2021.
Mission de Vie (extension), 2021.
L'Oracle des flammes jumelles et autres relations karmiques, 2021.
L'Oracle de la voix des âmes, 2021.
Le Guide du Lightworker, 2020.
Les Horoscopes magnétiques d'Isa – Les Atlandes, 2020.
Les Horoscopes magnétiques d'Isa – Les Bâtisseurs, 2020.
Les Horoscopes magnétiques d'Isa – Les Monarques, 2020.
Les Horoscopes magnétiques d'Isa – Les Phœnix, 2020.
La Puissance de la Lune, cartes oracle, 2020.
Libération énergétique, cartes oracle, 2019.
Vies antérieures, cartes oracle, 2019.
Le Chakra du cœur, cartes oracle, 2019.
Mission de vie, cartes oracle, 2019.

Chez Good Mood Dealer *by* Exergue

Post-partum, les premiers mois de la vie de bébé, avec Ely Killeuse, 2022.
Eveyday is a New Day, avec Sophie Trem, puzzle, 2021.
Let it Be, avec Sophie Trem, puzzle, 2021.
Mon premier oracle enchanté, avec Sophie Trem, 2021.
Ma Litho Box – Enjoy !, avec Johann Chevillard, 2021.
Ma Litho Box – Here & Now, avec Johann Chevillard, 2021.
Ma Litho Box – Keep Calm, avec Johann Chevillard, 2021.
Ma Litho Box – Sweetheart, avec Johann Chevillard, 2021.

ISBN : 9-782-36188-798-8

www.editions-tredaniel.com
info@guytredaniel.fr
www.facebook.com/tredanieleso
@tredaniel_eso

Isabelle CERF
Illustrations de Daphna Sebbane

L'Oracle du SILENCE des ÂMES

Collection
les ORACLES d'ISA

ÉDITIONS
EXERGUE
27, rue des Grands-Augustins
75006 Paris

À Laure,
À Victoire,
À Ménaël,
À tous nos ancêtres.

COUCOU,

Pour comprendre le karma transgénérationnel, il est très important d'être sensible au principe de la réincarnation. Notre âme se réincarne de vie en vie auprès de différentes personnes pour vivre différentes expériences. Lors de son incarnation, l'âme intègre une famille : c'est sa famille terrestre. Elle porte en elle deux types de karmas : son karma personnel qui est le fruit de ses anciennes vies, mais aussi le karma transgénérationnel qui correspond aux mémoires qui se transmettent de génération en génération.

Le karma transgénérationnel est l'énergie de la famille terrestre. C'est l'énergie qui influence chaque membre de la famille. On parle aussi de karma familial. Il peut être négatif, et transmettre des blocages, des peurs, des schémas de fonctionnement, de pensées et relationnels perturbants.

Il peut aussi être positif, et transmettre une énergie positive, inspirante et motivante.

Au-delà du karma personnel et familial, chaque personne garde son libre arbitre, c'est-à-dire qu'elle décide de ce qu'elle nourrit en elle. Elle crée son propre chemin et prend ses propres décisions. C'est toujours le libre arbitre qui a le dernier mot.

J'ai créé cet oracle pour que tu puisses communiquer avec les ancêtres de ta famille.

Cet oracle t'aidera à développer tes capacités médiumniques, c'est-à-dire ta capacité à communiquer avec des âmes qui ne sont plus incarnées.

Cet oracle est conçu pour que tu puisses parler avec tes ancêtres. Si tu souhaites communiquer avec d'autres âmes, tu peux utiliser *L'Oracle de la voix des âmes.*

Même si tu ne les as pas connus personnellement, tu as un lien fort avec tes ancêtres, car vous partagez l'énergie du karma familial.

Communiquer avec eux va t'aider à comprendre l'influence du karma familial dans tes énergies et dans ton quotidien. Cela va t'aider à te poser des questions importantes pour te concentrer sur ce qui est essentiel pour toi.

Il y a cinq règles d'or à respecter quand tu communiques avec tes ancêtres :

1. Il est très important de ne pas les juger ou de ne pas les diaboliser. Nos ancêtres ont vécu à une autre époque dans des conditions différentes. Ils ont fait le maximum avec les moyens qu'ils avaient. Le but est de prendre conscience que nous avons un recul sur leur vie qu'eux-mêmes ne pouvaient pas avoir à l'époque. Le but est de communiquer avec eux dans une grande bienveillance.

2. Nous exerçons une influence sur notre karma familial. Ce n'est pas une énergie passive. C'est une énergie qui est en mouvement. Nous ne subissons pas cette énergie. Par nos actions et nos décisions, nous modifions nous aussi le karma familial. Nous pouvons amplifier les blocages comme nous pouvons créer une nouvelle énergie positive.

3. Il est très important de se détacher de ce besoin de sauver l'énergie du karma familial. Cela n'aide personne et nous empêche plutôt de nous concentrer sur nous et c'est une fuite de nous-mêmes. Le temps passé à libérer tout le monde est un temps où nous n'expérimentons pas pour nous. Le meilleur moyen de travailler sur le karma familial est de créer son propre bonheur pour et par soi-même.

4. Il est très important d'être dans un endroit calme quand on souhaite communiquer avec eux. Il est important de s'ancrer et d'être totalement dans l'instant présent. Nous pouvons nous ancrer en fermant les yeux, en nous concentrant sur notre corps en prenant de grandes inspirations et expirations. Il est important d'accueillir simplement les messages sans vouloir une information spécifique. Cela nous aide à lâcher prise et à vivre pleinement l'expérience.

5. Il est très important d'écrire nos ressentis. L'oracle n'est qu'un support à notre propre médiumnité. Il est primordial d'écouter nos émotions, nos sensations physiques, nos pensées, nos ressentis et de les écrire. Cela va nous permettre de recevoir encore plus d'informations.

CHAQUE CARTE COMPORTE SIX MESSAGES :

- ANCÊTRE FEMME : C'est une de tes ancêtres. C'est une âme qui a beaucoup expérimenté l'énergie yin. Elle peut faire partie de ta lignée maternelle comme paternelle. C'est une âme que tu as pu connaître personnellement ou qui a pu s'incarner des siècles avant toi.

- ANCÊTRE HOMME : C'est un de tes ancêtres. C'est une âme qui a beaucoup expérimenté l'énergie yang. Elle peut faire partie de ta lignée maternelle comme paternelle. C'est une âme que tu as pu connaître personnellement ou qui a pu s'incarner des siècles avant toi.

- CONSEIL TRANSGÉNÉRATIONNEL : C'est le message de l'énergie familiale. Ce n'est pas une âme spécifique qui communique avec toi. C'est le karma familial qui te donne des conseils pour que tu puisses créer une nouvelle relation avec les énergies de ta famille.

- PRÉNOMS IMPORTANTS DE LA LIGNÉE : Ce sont des prénoms de personnes qui ont soit directement fait partie de ta famille, soit un rôle très important auprès de tes ancêtres. Ce sont des âmes qui peuvent devenir des protecteurs, des âmes que tu peux appeler quand tu vis une situation particulière, quand tu as besoin de recevoir un signe, quand tu as besoin de conseils pour prendre une décision importante.

- DATES IMPORTANTES DE LA LIGNÉE : Ce sont des dates qui ont été importantes pour tes ancêtres. Tu vas te rendre compte que ce sont des dates qui ont été récurrentes sur plusieurs générations. Si cela t'intéresse, tu peux créer un arbre généalogique. Cela va te permettre de découvrir de nombreuses choses intéressantes. Tu peux utiliser ces dates pour mettre en place des actions importantes, pour méditer, pour écrire à tes ancêtres. Fais confiance à tes ressentis.

- MESSAGE DIVINATOIRE DE LA LIGNÉE : C'est un message divinatoire transmis par ton karma familial. C'est une aide apportée par tes ancêtres pour que tu puisses expérimenter de la façon la plus positive pour toi.

SOMMAIRE

PRISE EN MAIN DE L'ORACLE

Cet oracle est un outil qui te servira à développer ta médiumnité en communiquant avec tes ancêtres. Sois bien à l'écoute de tes ressentis au-delà des messages des cartes.

Prends le temps de manipuler les cartes de l'oracle. Touche-les les unes après les autres. Tu peux poser cet oracle dans un endroit important pour toi, tu peux dormir avec, tu peux le purifier avec de la sauge, du palo santo, de la fumigation d'encens. Pratique le rituel qui résonne avec tes énergies.

Avant de battre les cartes, détermine ton besoin. Détermine ce qui est important pour toi. Est-ce que tu souhaites communiquer avec une ou un ancêtre ?

Est-ce que tu souhaites avoir une information sur une date ?

Est-ce que tu souhaites connaître le prénom d'un ancêtre qui peut t'aider ?

As-tu besoin d'un message divinatoire ?

De quoi as-tu besoin ?

Quand tu as déterminé ce que tu souhaites, bats les cartes et sois déjà à l'écoute de tes ressentis.

Écris-les.

Tu peux ensuite effectuer ton tirage.

LA MÉTHODE DE TIRAGE

Installe-toi dans une pièce calme et prends trois grandes inspirations et expirations.

Tu peux méditer avant ta pratique.

Quand tu as déterminé ton besoin, ferme les yeux et bats les cartes.

Prends une carte.

Lis le message associé à la carte et à ton besoin.

Écris tout ce que cela éveille en toi et tous tes ressentis.

Quand tu as terminé, relis ce que tu as écrit et demande-toi : qu'est-ce que cela m'apprend ?

Si tu as plusieurs besoins, tu peux prendre plusieurs cartes et lire les messages associés.

Prends aussi le temps de regarder la ou les cartes et d'écouter tes ressentis.

Écris-les.

Crée ta propre méthode de tirage.

Ce qui est important, c'est ce que cela éveille en toi.

Je te souhaite une très belle expérience avec cet oracle.

Je te souhaite de très belles conversations avec tes ancêtres.

Je t'embrasse.

Isa

MESSAGES DES CARTES

ANCÊTRE FEMME :

Je sais ce que tu te demandes : que devient l'amour de nos proches après leur départ ? Tu es en colère contre les membres de ta famille actuellement. Tu es en colère contre tes ancêtres. Tu te dis qu'ils ont fait beaucoup d'erreurs, qu'ils ont échoué et qu'ils n'avaient rien compris. Tu te dis que même s'il y avait de l'amour, celui-ci a disparu en même temps qu'eux. Eh bien, ce n'est pas vrai. L'amour qu'il y a entre chaque membre de la famille est éternel. Alors oui, on a pu mal s'aimer. On a pu faire de graves erreurs. Mais il y a un lien d'amour très fort entre nous. Ce lien d'amour n'excuse ni ne minimise rien. Mais nous sommes toujours ensemble. Différemment, mais nous sommes ensemble. Ne laisse pas la colère nous juger. Nous n'avons pas vécu à la même époque et nous n'avions pas les mêmes codes. Nous avons fait le maximum avec les moyens que nous avions. Comme tu fais toi-même de ton mieux. Ce n'est pas par hasard que nous faisons partie de la même famille terrestre et nous allons nous retrouver dans d'autres vies pour vivre d'autres expériences. Je sais que tu peux nous reprocher beaucoup de choses, mais nous t'aimons et nous sommes là pour toi. Tous les ancêtres de la famille sont là. Nous sommes avec toi.

ANCÊTRE HOMME :

Je n'ai pas assez dit « je t'aime ». J'aurais voulu le dire davantage à tout mon entourage. Je prouvais mon amour d'autres façons. Par ma disponibilité, par mon écoute, par mon regard, par mes cadeaux, mais je sais que j'étais très souvent maladroit. Il est important de dire « je t'aime » aux personnes que nous aimons. Il ne faut pas partir du principe qu'elles le savent déjà. Il est très important de le répéter encore et encore. Cela permet de créer un très bel égrégore d'amour, de joie et de bonheur. Alors je te le dis : « Je t'aime et je suis fier de la personne que tu es et que tu deviens. » Tu as une grande force de cœur et ne cherches pas à l'éteindre même si parfois tu souffres. « Aime comme si tu n'avais jamais souffert. » Rappelle-toi de cet adage et continue d'aimer et de le dire. C'est une très belle énergie l'amour. Cette énergie est toujours là après ton départ et elle te guide. Elle te permet aussi de guider les personnes chères à ton cœur encore incarnées. Laisse-toi porter par l'amour. Tu ne seras vraiment pas déçu·e et je te le dis une nouvelle fois : « je t'aime ».

CONSEIL TRANSGÉNÉRATIONNEL :

Nous sommes l'énergie de la famille. Nous avons un karma positif qui est le karma de l'amour. Nous avons un grand besoin de partager l'amour autour de nous. Nous avons besoin de l'exprimer par les mots. C'est un besoin qui est très fort pour notre famille. Tu peux perpétuer ce karma familial en disant « je t'aime » aux personnes chères à ton cœur, en les encourageant, en les complimentant, en leur disant pourquoi tu les aimes et pourquoi elles sont très importantes pour toi. Cela va créer un très bel égrégore et cela va aussi te guider vers de très beaux projets que tu aimes et qui t'animent. Fais confiance au karma familial d'amour et laisse-le guider tes pas. Cela va te permettre de vivre de très belles expériences positives.

PRÉNOMS IMPORTANTS DE LA LIGNÉE :

Ce sont des prénoms qui ont joué un rôle très important dans notre lignée familiale. Tu peux appeler ces prénoms quand tu en ressens le besoin pour te donner du courage, pour avoir des conseils ou pour te protéger. Amour, Aimée, Cara, Darlène, Loona, Noa, Vénus, David, Milan.

DATES IMPORTANTES DE LA LIGNÉE :

Ce sont des dates qui ont marqué et qui marquent encore notre lignée. Utilise ces dates pour mettre en place des choses très importantes pour toi. Le mois de juin. Le 3 de chaque mois. Le 14 février, le 1er janvier, le 24 et le 25 décembre, le 31 décembre.

MESSAGE DIVINATOIRE DE LA LIGNÉE :

Si tu te laisses guider par ce que tu aimes, alors tu vas vers une grande réussite. Si tu fais confiance à l'amour, alors de très belles surprises vont se présenter à toi.

Si tu ouvres ton chakra du cœur, alors tu vas créer une vraie sécurité intérieure.

Tu es dans une énergie où tout est possible.

Rien n'est acquis. C'est toi qui construis ton chemin et on te conseille de laisser l'amour guider tes pas.

Cela va te permettre de vivre des moments incroyables, de créer de très beaux projets.

Tout est vraiment possible pour toi.

ANCÊTRE FEMME :

Je n'ai pas toujours été très juste. Je n'ai pas forcément écouté les besoins de mes proches. Je pouvais faire preuve d'autorité sans la remettre en question. Je ne le savais pas à l'époque, mais j'ai créé en mes proches la blessure d'injustice. Mes ancêtres étaient aussi très autoritaires. Il fallait obéir à ses parents sans remettre en question les ordres et ensuite il fallait toujours obéir à la personne qui avait l'autorité.

On n'avait pas le droit de se rebeller, alors quand j'ai eu cette autorité, j'ai pris ma revanche. Quelle erreur, mais quelle erreur. Je regrette tellement. C'était totalement injuste et surtout cela n'avait aucun sens. Mais, à l'époque, je ne le savais pas. Cette autorité qu'on cherche à avoir sur les autres est très nocive et elle fait beaucoup de dégâts. Elle blesse et elle peut même traumatiser. Je suis tellement désolée. Quand je repense à ce que je disais et à ce que je faisais quand j'avais le pouvoir de l'autorité, cela me donne la nausée même si je ne suis qu'une âme dépouillée de son corps. Je regrette sincèrement et j'espère que tu me crois. Ce n'est pas un acte de bonté que de chercher à tout prix l'autorité sur l'autre. Ce n'est pas plus juste de la subir. Il est très important de se rebeller. Rebelle-toi face à cette autorité qui n'a plus lieu d'exister.

ANCÊTRE HOMME :

J'ai toujours été face à des personnes très autoritaires. On me disait toujours de me taire et d'exécuter ce qu'on me demandait. Je faisais ce que j'avais à faire et je ne prononçais aucun mot. Juste « oui ». Cela a été le cas de beaucoup de mes ancêtres. On ne pouvait dire que « oui » et faire ce qu'on nous demandait de faire. Cela crée une relation dysfonctionnelle avec le « non ». On était persuadés qu'on n'avait pas le droit de dire « non ». Que cela est presque un péché. Nous étions là pour répondre aux autres et pour exécuter les différentes tâches qu'on nous confiait. Cela a été dramatique pour beaucoup de membres de notre famille. Cela n'était pas juste et nous a empêchés d'avancer pour et par nous-mêmes. Cette peur du « non » se transmet encore de génération en génération. On a cette mémoire que, pour être une bonne personne et pour être aimé·e des autres, il faut faire tout ce qu'on nous demande de faire. Je t'en supplie, arrête de faire cela. Cela nuit à ton bonheur et à l'estime de toi-même. Tu mérites tellement mieux. Ose dire « non ». Il est très important que tu puisses redevenir ta priorité.

CONSEIL TRANSGÉNÉRATIONNEL :

Nous sommes l'énergie de la famille. La blessure d'injustice est profondément ancrée dans notre karma familial. Cela a créé une grande colère que nous n'arrivons pas à exprimer. Cela crée de grandes tensions, car nous ne savons pas non plus dire « non ». Nous détestons les autres et ce qu'ils nous demandent, mais nous continuons à exécuter les autres. Cela crée une énergie de soumission qui est insupportable à ressentir. Tu peux travailler sur notre karma familial si tu le souhaites. Pour ce faire, crée une nouvelle relation avec la colère. Ose l'écouter quand elle te hurle qu'une de tes limites est dépassée. Ose le dire et ose faire respecter tes limites. Ose aussi dire « non » quand tu ne souhaites pas faire quelque chose. Ose dire que cela ne te convient pas. Cela va te permettre de créer une nouvelle relation avec toi-même, mais aussi avec le monde extérieur. Cela va également nous faire le plus grand bien.

PRÉNOMS IMPORTANTS DE LA LIGNÉE :

Ce sont des prénoms qui ont joué un rôle très important dans notre lignée familiale. Tu peux appeler ces prénoms quand tu en ressens le besoin pour te donner du courage, pour avoir des conseils ou pour te protéger. Damarice, Danae, Dany, Darci, Darleen, Delila, Désiré, Diane.

DATES IMPORTANTES DE LA LIGNÉE :

Ce sont des dates qui ont marqué et qui marquent encore notre lignée. Utilise ces dates pour mettre en place des choses très importantes pour toi.

Le mois de juin et le mois de janvier. Le 5 de chaque mois. Le 12 septembre, le 21 octobre, le 14 novembre et le 13 décembre.

MESSAGE DIVINATOIRE DE LA LIGNÉE :

Tu es actuellement dans une situation qui dépasse tes limites. Cette situation dure depuis des années et elle t'épuise, car tu luttes pour exprimer ce que tu ne souhaites plus, mais tu n'y arrives pas. Le moment est venu d'arrêter cette situation. Cela va te permettre de définir clairement tes limites. Cela va t'aider à ouvrir la porte à trois nouvelles situations et/ou relations où tu vas pouvoir t'exprimer, mettre en place des limites pour créer un nouvel équilibre intérieur. Cela va te laisser du temps et de l'espace pour t'occuper de toi. Tu t'es longtemps mis·e en retrait à cause de cette situation et le moment est venu de redevenir ta priorité. Tu es capable de le faire.

ANCÊTRE FEMME :

Nous sommes une lignée d'aidants. Beaucoup de femmes de notre famille ont travaillé dans la santé ou dans le social. C'est notre vocation. Nous sommes des personnes très empathiques qui ont une grande intelligence émotionnelle. Nous savons toujours donner de très bons conseils et nous avons toujours les bons gestes pour rassurer, aider et soigner. Je savais le faire, ma mère et toi aussi. Tu as cette vocation d'aidant·e et de soignant·e. Je ne sais pas si tu le ressens en toi. Savais-tu que tu as des ancêtres qui étaient infirmières de guerre ? Qui ont été présentes lors de grandes pandémies ? Qui ont travaillé aussi en psychiatrie au moment où les soins apportés étaient plus que problématiques ? Elles ont été élues vraies pionnières dans les changements thérapeutiques. Elles se sont rebellées pour que la dignité de chacun puisse être respectée. Renseigne-toi sur l'année 1952. Elle est très importante dans notre lignée. Les nombres 24 et 54 y sont aussi très importants. Tu es une âme aidante. Les autres ont besoin de toi. Ne transforme pas cette énergie en du sacrifice et en relation « sauveur·se / sauvé·e ». Tu es une âme protectrice pour les autres, mais tu as aussi besoin de penser à toi. Sois vraiment dans une énergie d'équilibre.

ANCÊTRE HOMME :

Je n'étais pas souvent chez moi. J'étais toujours en train de donner des coups de main pour les autres. C'était très agréable, car c'était à chaque fois suivi d'un bon repas. J'ai toujours adoré rendre service. On m'appelait tout le temps, car je me rendais toujours disponible. Rien ne me faisait peur et surtout je savais tout faire. D'ailleurs, renseigne-toi, mais il y a beaucoup d'anecdotes dans la famille en lien avec des échelles. Les membres de notre lignée ont une relation très particulière avec les échelles. Je crois qu'elles ne nous aiment pas trop. Renseigne-toi, cela va te faire sourire. J'adorais aider les autres, restaurer leurs maisons, prendre soin de leur jardin, réparer leur voiture ou aller chercher quelqu'un à des kilomètres de chez moi. J'étais toujours en train d'aider. C'est l'énergie de notre famille. On se rend disponibles pour les autres. Avec le recul, je me rends compte que j'ai raté beaucoup d'événements familiaux pour aider les autres et je pense qu'il est parfois préférable de dire « non ». Mais j'ai appris cela de mon père qui a aussi appris cela du sien. On était les gaillards toujours disponibles. Et gratuitement en plus. Tu es une personne qui adore rendre service et cela est une grande valeur de cœur. Mais prends du temps pour toi et ose dire « non ». C'est ce dont l'énergie de la famille a besoin : savoir dire « non ».

CONSEIL TRANSGÉNÉRATIONNEL :

Nous sommes l'énergie de la famille. Nous avons une très grande ouverture de cœur et nous sommes des êtres avec beaucoup de douceur et d'empathie. Nous nous réalisions par l'entraide. C'est quelque chose qui fait partie intégrante de toi. Cependant, cette mémoire familiale peut être parfois sacrificielle et enfermer les descendants dans des relations « sauveur·se / sauvé·e ». Tu peux travailler sur notre énergie. Pour ce faire, reste toi-même. Tu es une très belle âme, douce et bienveillante. Cependant, ose écouter tes limites. Quand tu n'as pas envie ou quand tu n'as pas les ressources pour le faire, ose dire « non ». Cela ne veut pas dire que les autres ne vont plus t'aimer ou que tu es une personne méchante. Cela va te permettre de penser à toi et de profiter de l'instant présent pour toi. Tu es une personne disponible pour les autres. Sois aussi disponible pour toi et pour ce que tu souhaites vivre. Cela va nous apporter une douce énergie et t'aider à créer ton propre bonheur.

PRÉNOMS IMPORTANTS DE LA LIGNÉE :

Ce sont des prénoms qui ont joué un rôle très important dans notre lignée familiale. Tu peux appeler ces prénoms quand tu en ressens le besoin pour te donner du courage, pour avoir des conseils ou pour te protéger. Patrick, Patricia, Pablo, Prisca, Paul, Paulette, Pierre, Pacôme, Philippe, Petro, Philibert.

DATES IMPORTANTES DE LA LIGNÉE :

Ce sont des dates qui ont marqué et qui marquent encore notre lignée. Utilise ces dates pour mettre en place des choses très importantes pour toi. Les mois de janvier et de décembre. Le 21 de chaque mois. Le 1er février, le 1er mars et le 1er avril. Le 24 septembre. Le 3 décembre.

MESSAGE DIVINATOIRE DE LA LIGNÉE :

Tu es une personne qui est toujours en train d'aider les autres et c'est une grande qualité de cœur. Cependant, tu as vécu un événement qui t'a beaucoup marqué·e et tu as besoin de l'aide d'une personne expérimentée pour t'en détacher et pour le transformer en un enseignement intérieur. Ose prendre ce temps pour toi. Ose faire de toi ta priorité. Cela va te permettre de retrouver une vraie confiance en toi et t'aider à rayonner d'une nouvelle façon. Deux beaux cadeaux arriveront dans ta vie d'ici une semaine. Cela va te permettre de te sentir protégé·e, aimé·e et entouré·e. C'est à ton tour de demander de l'aide. C'est très important pour toi.

ANCÊTRE FEMME :

J'étais la rebelle de la famille. Ma mère a eu beaucoup de cheveux blancs à cause de moi. Je refusais tout ce qu'elle pouvait me dire ou m'apprendre. J'ai fait le mur alors que c'était plus qu'interdit à mon époque. Je côtoyais des personnes beaucoup plus âgées que moi et j'ai plus d'une fois fait l'école buissonnière. La routine et les codes sociaux de l'époque m'ennuyaient profondément. Il y a deux dates très importantes dans notre lignée : 1863 et 2003. Fais tes recherches. Cela va vraiment te faire sourire. Moi, je voulais vivre ma propre vie. Je rêvais de voyages, de relations passionnées et d'expériences palpitantes. Je me suis rangée à mes 35 ans. J'étais épuisée de devoir me battre contre les autres, mais ce besoin d'indépendance est une énergie très forte pour les femmes de notre lignée. On n'en peut plus de ces injonctions à la maternité, à la mère au foyer, à la bonne épouse. Stop. On est des aventurières. On est téméraires. On est des artistes. Et je sais que cette énergie coule dans tes veines. Tu as le soutien de toutes les femmes de notre lignée pour que tu puisses créer et profiter de ton indépendance. Crée tes propres regles. On est avec toi et on te soutient. Tu as toutes les capacités pour le faire. Cela va te faire le plus grand bien et on est toutes très fières de toi pour tout ce que tu as déjà accompli. Bravo.

ANCÊTRE HOMME :

Qu'est-ce que j'ai pu me disputer avec mon père. Il ne me comprenait pas. Et je lui en ai beaucoup voulu à cause de ça. Il voulait que je prenne le même chemin que lui. Sauf que je voyais très bien qu'il n'était pas heureux et que sa vie était très monotone. Très peu pour moi, merci. Moi, je ne voulais pas être salarié dans la même entreprise toute ma vie. Je voulais être mon propre patron. Je voulais vivre de mes propres valeurs. Je n'ai pas réussi à réaliser tous mes projets, mais cette force de vie ne m'a jamais quitté. La liberté d'être et de faire, ça n'a pas de prix et c'est quelque chose qui est très important dans notre famille. Les hommes de notre lignée ont toujours été de très bons ouvriers, mais ils n'ont pas réussi à vivre de leurs propres idées alors qu'elles étaient extraordinaires. Ils avaient de l'or entre les mains, mais ils n'osaient pas l'utiliser. Je ne veux pas te mettre la pression, mais c'est à toi maintenant de le faire. Tu as un grand projet professionnel. Une entreprise à créer et à faire prospérer. Et je sais que tu en es capable. Prends le temps dont tu as besoin pour le faire. Ne pense pas qu'on sera déçus si tu n'y arrives pas. Prends au sérieux tes idées et tes projets professionnels. Tu as un vrai désir d'indépendance en toi et c'est une énergie familiale. Sois libre. Tu as le droit et nous t'encourageons à le faire.

CONSEIL TRANSGÉNÉRATIONNEL :

Nous sommes l'énergie de la famille. Le besoin d'indépendance est très important pour notre lignée. Beaucoup de membres de notre famille ont été emprisonnés, ont été enchaînés dans des métiers et dans des vies où ils ne pouvaient pas être eux-mêmes. Ce besoin d'indépendance est presque vital pour nous et pour toi aussi. Tu peux travailler sur le karma familial. Pour ce faire, écoute tes besoins d'indépendance et engage-toi à agir pour ta propre liberté. Liberté ne veut pas dire solitude. Tu peux être indépendant·e tout en partageant de très beaux liens de cœur avec les autres. Détache-toi de toutes tes chaînes mentales qui te font croire que c'est en suivant les autres que tu vas être heureux·se. Ose sortir du rang, ose prendre des risques, ose écouter ce qui est important pour toi. Cela va te permettre de créer un nouveau bien-être et tu vas inspirer une nouvelle énergie au karma familial.

PRÉNOMS IMPORTANTS DE LA LIGNÉE :

Ce sont des prénoms qui ont joué un rôle très important dans notre lignée familiale. Tu peux appeler ces prénoms quand tu en ressens le besoin pour te donner du courage, pour avoir des conseils ou pour te protéger. Isabelle, Igor, Ismael, Irène, Ingrid, Iris, Ibrahim, Inès, Iseult.

DATES IMPORTANTES DE LA LIGNÉE :

Ce sont des dates qui ont marqué et qui marquent encore notre lignée. Utilise ces dates pour mettre en place des choses très importantes pour toi. Les mois de septembre et d'octobre. Le 20 de chaque mois. Le 4 avril, le 19 mai, le 1er août, le 1er septembre, le 1er octobre.

MESSAGE DIVINATOIRE DE LA LIGNÉE :

Actuellement, tu es à un carrefour de vie et deux chemins se dessinent devant toi. Tu as le choix d'un chemin que tu connais déjà, mais où tu ne peux pas exprimer totalement qui tu es ni réaliser tes projets personnels. Tu as un autre chemin que tu ne connais pas du tout, où tu peux totalement découvrir de nouvelles facettes de ta personnalité et mettre en place des projets inédits. Tu as une décision importante à prendre et elle te fait très peur. Tu n'es pas obligé·e de prendre des décisions radicales. Tu peux trouver des compromis pour ne pas te sentir en totale insécurité. Ose prendre des décisions par toi-même. Cela va te permettre de créer une nouvelle liberté et une nouvelle indépendance. Cela va t'aider à créer ton bonheur d'une nouvelle façon.

ANCÊTRE FEMME :

J'ai fait les choses parce qu'il fallait les faire. J'étais très attachée aux traditions. Je détestais le changement et la nouveauté. Je me suis toujours sentie dépassée par le progrès. Cela n'était pas du tout fait pour moi. J'adorais cuisiner avec mes recettes transmises par mes ancêtres. J'aimais profondément lire et relire mes classiques. J'aimais faire mes courses au même endroit le même jour de la semaine. J'aimais la routine. J'aimais faire toujours les mêmes choses. Cela me rassurait beaucoup. Dès que quelque chose changeait, cela provoquait une grande colère en moi. Je détestais d'ailleurs qu'on fasse les choses à ma place et j'avais beaucoup de difficultés à déléguer. Quand c'était fait par moi-même, je savais que cela était fait selon les traditions. Je sais que certains membres de la famille se moquaient de moi à cause de cela, mais c'était vraiment cher à mon cœur. De là où je suis, je me rends compte que j'avais peur de la vie. J'avais peur du changement ainsi que du côté imprévisible de la vie. Alors, en faisant toujours les mêmes choses, je gardais une forme de contrôle sur le cours des événements. Je sais maintenant que c'était utopique, mais à l'époque, j'aurais tout fait pour garder intactes les traditions. Je sais que tu es mon opposé·e. Tu as besoin d'innover. Tu as besoin de bousculer les règles. Tu as besoin de faire les choses autrement et je suis fière de toi. Tu as tout mon soutien. L'innovation, c'est la clef de la révolution et nous avons un grand besoin de révolution.

ANCÊTRE HOMME:

Il n'y a pas beaucoup de chercheurs dans notre famille. Nous n'avons pas beaucoup d'hommes et de membres de notre famille qui ont découvert de grandes choses ou qui ont innové. Du moins de façon officielle, car si tu cherches bien, nous sommes de vrais bricoleurs. J'adorais passer du temps dans mon atelier pour créer et pour inventer toute sorte de choses. J'adorais revisiter mes outils pour leur donner une utilisation totalement à l'opposé de l'initiale. Ça m'amusait tellement. Mais je n'ai jamais pris cela au sérieux. C'était un passe-temps, un hobby. Je sais que mes créations existent encore aujourd'hui. Elles sont, certes, dans des cartons cachés dans un grenier ou une cave, mais elles existent encore. Tu peux partir à leur découverte si cela t'amuse. Notre lignée a comme karma l'innovation brisée. Nous n'avons pas eu assez confiance en nous ni assez d'audace pour prendre au sérieux nos capacités d'innovation. Nous faisions cela le dimanche dans notre atelier, bien cachés du regard des autres. C'est bien dommage, car les membres de notre lignée ont de l'or entre les mains. Nous avons de grandes idées et nous sommes très débrouillards. Maintenant, c'est toi qui as le flambeau. C'est à toi de jouer. Si tu ne t'en sens pas capable, ce n'est pas grave. Tu fais ce que tu peux, mais ose te faire confiance et ose montrer tes créations. Tu as de véritables capacités d'innovation.

CONSEIL TRANSGÉNÉRATIONNEL :

Nous sommes l'énergie de la famille. Notre famille se cache du regard des autres depuis des générations entières. Nous avons eu de grandes idées qui ont été volées par d'autres personnes qui s'en sont attribué tout le mérite. Nous avons créé des choses incroyables qui ont pris la poussière dans des boîtes isolées. Nous sommes des âmes innovantes, mais nous n'avons pas eu le courage de le montrer. Tu peux ressentir ce besoin d'innovation en toi. Tu peux travailler sur notre karma familial. Pour ce faire, ose partager tes idées et montrer ce dont tu es capable. Montre à des personnes de confiance ce que tu crées, ce que tu penses, ce que tu fais. Pose des brevets et ose exploiter tes talents. Tu vas aider de nombreuses personnes et surtout tu vas être très fier·ère de toi. Tu vas aussi apporter une nouvelle lumière à notre lignée et tu vas rendre hommage à tous nos ancêtres. Fais-le tant que cela te fait plaisir. Ce n'est pas une obligation et nous ne voulons pas que tu sois le ou la sauveur·se de la famille. Mais exploite tes talents. Tu es une personne avec de grandes capacités d'innovation.

PRÉNOMS IMPORTANTS DE LA LIGNÉE :

Ce sont des prénoms qui ont joué un rôle très important dans notre lignée familiale. Tu peux appeler ces prénoms quand tu en ressens le besoin pour te donner du courage, pour avoir des conseils ou pour te protéger. Albert, Auguste, Aymeric, Antonio, Angélique, Amélie, Alexia, Ales, Audric, Amaya.

DATES IMPORTANTES DE LA LIGNÉE :

Ce sont des dates qui ont marqué et qui marquent encore notre lignée. Utilise ces dates pour mettre en place des choses très importantes pour toi. Les mois de janvier, de mars et d'octobre. Le 8 de chaque mois. Le 2 octobre, le 16 octobre, le 12 novembre et le 29 décembre.

MESSAGE DIVINATOIRE DE LA LIGNÉE :

Tu es dans une énergie d'innovation. Tu es en train de créer quelque chose d'extraordinaire, mais tu n'oses pas le mettre en place, car tu as l'impression que cela ne va pas fonctionner. C'est totalement faux. Cette idée et ce projet vont perdurer dans le temps et cela va avoir des résultats incroyables. Ose croire en toi et continue sur ta lancée. Ne t'arrête pas. Tu n'as pas besoin d'une aide extérieure. Tu as juste besoin de continuer ce que tu as commencé. Cela va te permettre de vivre de merveilleux moments. Cela va te permettre de recevoir de nombreuses récompenses.

ANCÊTRE FEMME :

Ce que j'ai toujours détesté dans ma précédente existence, c'est que plus une femme vieillissait, plus elle disparaissait. Cela m'a profondément énervée et attristée. Je devais avoir une façon de parler, de me vêtir, des projets qui étaient socialement acceptables pour mon âge. Je devais me marier avant mes 25 ans, avoir ma vie de famille bien installée pour mes 30 ans, être très raisonnable à mes 40 ans et ensuite me faire la plus discrète possible surtout à partir de 60 ans. Mais quelle injustice. Et on ne faisait que me parler des règles de bonne conduite. Mais quelle blague. Cela n'avait aucun sens. Et toutes les femmes de notre lignée ont dû suivre ces règles et gare à celles qui ne voulaient pas jouer le jeu. Elles recevaient alors de nombreuses critiques et certaines femmes ont même été chassées de notre propre famille, car elles étaient trop rebelles. Les hommes, eux, avaient le droit de tout faire. Et plus ils vieillissaient, plus leurs droits grandissaient alors que nous, c'était tout le contraire. Je ne suis pas du tout d'accord avec cela et je sais que toi non plus. Ce qui m'attriste encore plus, c'est que cet âgisme est encore présent aujourd'hui. Le moment est venu de se rebeller et de déconstruire tout ça. Ça ne peut plus durer.

ANCÊTRE HOMME :

Je n'ai pas vu mes enfants et la société m'a empêché de le faire. Aucun homme de ma lignée n'a vu ses enfants grandir. Quand je me levais, ils étaient encore couchés et quand je rentrais, ils dormaient déjà. Je ne disais rien, mais cela me broyait les entrailles. Je n'ai pas vu mes enfants grandir. Car mon rôle était de travailler et de garantir une sécurité matérielle et financière à ma famille. Je n'avais pas le droit à un congé parental. Cela était inconcevable à l'époque et je sais que les hommes d'aujourd'hui se battent encore pour avoir davantage de temps auprès de leur famille. Le fameux patriarcat. Il brutalise les femmes, mais aussi les hommes. Alors attention, je ne dis pas que les femmes ne souffrent pas. Mais les hommes de ma lignée ont souffert à cause du patriarcat. Je n'avais pas de temps de qualité disponible pour ma famille et je le regrette amèrement aujourd'hui. Je pense même qu'il y a encore des résidus de colère et d'injustice. La société nous a imposé une façon d'être et de vivre et cela a brutalisé nos relations avec des personnes chères à notre cœur. Ne laisse pas la société t'empêcher de créer les relations que tu souhaites vivre. Ne laisse pas la société éteindre ton cœur. Jamais. Ce sont les personnes qu'on aime qui sont importantes, pas ce que la société attend de nous.

CONSEIL TRANSGÉNÉRATIONNEL :

Nous sommes l'énergie de la lignée. La société a empêché les membres de notre famille de créer leur propre bonheur et de profiter de leurs proches. La société nous a éloignés les uns des autres.

Tu peux ressentir cette pression sociétale qui impose de nombreuses choses et qui t'empêche d'avoir du temps pour toi. Tu n'es pas obligé·e de subir ces nombreuses règles totalement absurdes. Tu peux apporter une nouvelle énergie à ta vie et à nous aussi. Pour ce faire, ose être toi-même et fais de tes relations avec des personnes qui te sont chères ta priorité. Crée une belle relation avec toi-même et dépasse tous les obstacles qui t'empêchent de partager avec les personnes qui te sont chères. Ose dire que tu les aimes et qu'elles sont importantes pour toi. Ose prendre du temps à partager ensemble. Cela va te faire le plus grand bien et apporter une nouvelle énergie à la famille.

PRÉNOMS IMPORTANTS DE LA LIGNÉE :

Ce sont des prénoms qui ont joué un rôle très important dans notre lignée familiale. Tu peux appeler ces prénoms quand tu en ressens le besoin pour te donner du courage, pour avoir des conseils ou pour te protéger. Ralf, Raven, Rayane, Reba, Régina, Rémi, Renald, Régis, Reine.

DATES IMPORTANTES DE LA LIGNÉE :

Ce sont des dates qui ont marqué et qui marquent encore notre lignée. Utilise ces dates pour mettre en place des choses très importantes pour toi. Le mois d'avril et le mois de décembre. Le 19 février, le 6 de chaque mois, le 3 juin, le 12 septembre, le 24 octobre, le 21 novembre, le 12 décembre.

MESSAGE DIVINATOIRE DE LA LIGNÉE :

Actuellement, tu as envie de tout envoyer valser. Tu ressens un ras-le-bol général et tu as l'impression que plus rien n'a de sens. Prends le temps dont tu as besoin pour cerner ce qui ne te convient plus. Tu es en train de terminer un chapitre de vie et il y a beaucoup de choses qui sont en train de changer. Mais si tu vas trop vite, tu vas avancer en étant dans une totale insécurité. Prends le temps pour tout changer en douceur. Détermine des priorités et concentre-toi dessus. Cela va te permettre de fermer de nombreux chapitres de vie et d'en ouvrir un nouveau où tu vas pouvoir être totalement en accord avec toi-même.

ANCÊTRE FEMME :

J'ai toujours voulu découvrir des contrées cachées. Plus jeune, je voulais être archéologue. Je voulais découvrir des civilisations enfouies et de merveilleux trésors. J'étais passionnée de lectures et je lisais toujours des histoires liées à de grands secrets cachés. Malheureusement, j'avais une vie assez monotone où la découverte n'était pas quotidienne. Alors j'étais très souvent frustrée. Ce qui fait que j'ai développé une grande curiosité pour les autres. Je posais toujours des questions sur leur vie, sur ce qu'ils ressentaient, voulaient, etc. J'étais considérée comme une vraie commère, mais ce n'étaient pas les ragots qui m'intéressaient. C'était cette énergie de découverte. Je sais que tu as cette même envie en toi. Elle est familiale. Toutes les membres de notre lignée sont de vraies exploratrices dans l'âme. D'ailleurs, je n'ai jamais pris l'avion. Ça aussi, c'est une grande déception. Le voyage, la découverte de nouvelles cultures, mais quelle richesse. Je te conseille vraiment de faire confiance à ton besoin de découverte. Ose explorer de nouvelles contrées. Cela va t'aider à te concentrer sur l'essence même de ton être et cela va être un très bel hommage pour toutes les membres de notre lignée. Plus tu vas être curieux·se, plus tu vas être heureux·se. Fais-moi confiance.

ANCÊTRE HOMME :

J'ai été profondément marqué par une grande routine. J'ai été profondément marqué par le travail à la chaîne. Je me suis retrouvé coincé à utiliser la même machine pendant des décennies. C'était d'un ennui tellement profond ! Mais je devais subvenir aux besoins de ma famille, alors je l'ai fait. Mon rêve aurait été de reprendre mes études. Je n'ai pas eu de grands diplômes et cela a toujours été un complexe pour moi. Je me comparais toujours de façon négative aux autres et j'avais toujours l'impression d'avoir raté quelque chose. J'aurais tellement voulu apprendre de nouvelles connaissances, compétences et capacités. J'aurais aimé changer de métier dix fois. J'avais cette soif d'expériences que je n'ai pas pu assouvir. J'ai suivi ce que je pensais être le plus juste et le plus sécuritaire. On m'a demandé très jeune ce que je voulais faire et je n'ai pas eu d'opportunités pour m'extraire de cette case. Aujourd'hui, les conditions ne sont plus les mêmes. Tu as la possibilité d'expérimenter comme tu le souhaites, alors explore. Ose quitter un travail pour en débuter un tout nouveau. Ose te former encore et encore. Ose aller vers ce qui te passionne. Fais-le pour moi et fais-le pour toi surtout. Tu vas voir, c'est merveilleux.

CONSEIL TRANSGÉNÉRATIONNEL :

Nous sommes l'énergie de la famille. Notre lignée est marquée par une zone de confort qui a été très bloquante. Les membres de notre famille n'ont pas réussi à en sortir malgré leurs désirs profonds. Cela a créé une grande peur de l'inconnu et de l'inédit que tu peux ressentir à l'intérieur de toi. Tu peux avoir envie d'expérimenter de nombreuses choses, mais ne pas oser faire le premier pas. Tu peux aider l'énergie de notre lignée. Pour ce faire, ose t'inscrire aux stages et aux formations que tu souhaites faire. Organise-toi pour avoir du temps pour apprendre. Ose poser des questions et ose découvrir de nouvelles aptitudes en toi. Tu as les capacités pour mettre en place plusieurs projets en même temps. Tu as hérité de nombreuses compétences de la part de tes ancêtres. Tu es capable de grandes choses. Alors, ose. Ose aller vers la nouveauté. Cela va être épanouissant pour toi et cela va nous apporter une très belle nouvelle énergie.

PRÉNOMS IMPORTANTS POUR LA LIGNÉE :

Ce sont des prénoms qui ont joué un rôle très important dans notre lignée familiale. Tu peux appeler ces prénoms quand tu en ressens le besoin pour te donner du courage, pour avoir des conseils ou pour te protéger. Xavier, Xena, Xander, Xuan.

DATES IMPORTANTES DE LA LIGNÉE :

Ce sont des dates qui ont marqué et qui marquent encore notre lignée. Utilise ces dates pour mettre en place des choses très importantes pour toi. Les mois d'avril et de novembre. Le 8 de chaque mois. Le 12 janvier, le 6 mars, le 14 juin, le 20 septembre et le 2 décembre.

MESSAGE DIVINATOIRE DE LA LIGNÉE :

Actuellement, tu tournes en rond et tu ressens une grande insatisfaction. Tu ne sais pas comment t'en défaire. Tu as un grand besoin de nouveauté et de changement. D'ici quinze jours, tu vas recevoir une information et une proposition par les moyens de télécommunication. Cela va t'inviter à apprendre de nouvelles capacités et de nouvelles compétences. Cela va t'inspirer l'idée d'un nouveau projet. Ose dire « oui » à cette proposition. Organise-toi pour avoir le temps de t'y consacrer. Cela va te permettre de sortir de ta zone de confort et de découvrir de nombreux talents cachés en toi. Cela va te permettre d'ouvrir un nouveau chapitre de vie et de t'épanouir d'une nouvelle façon. Cela va te permettre aussi de rencontrer de nouvelles personnes qui vont devenir des ami·es fiables et fidèles.

ANCÊTRE FEMME :

Je ne me souvenais jamais de mes rêves. C'est assez triste en vérité. Je ne sais pas si mes rêves étaient jolis ou non. Après, je dormais très peu. Quand je me couchais, j'étais déjà tracassée par tout ce que je devais faire le lendemain. Et dans la journée, je n'avais pas du tout le temps de rêvasser. J'étais tellement occupée que le fait de rêver était un loisir que je ne pouvais pas me permettre.

Pourtant, quand j'étais plus jeune, j'avais de nombreux rêves. Je croyais à tellement de magie. Je parlais aux arbres, aux fées et même à mes poupées. J'étais une petite fille optimiste et originale. Je débordais d'imagination et je faisais de fabuleux dessins. Tu as été ce·tte même enfant. Je ne sais pas si tu as conservé tes propres dessins, mais petit·e, tu as semé de nombreux conseils pour toi en tant qu'adulte. Si tu les as toujours, regarde-les vraiment. Tu vas recevoir beaucoup d'informations. Ma vie m'a interdit de rêver. C'était mal vu. Si on avait le malheur d'avoir le regard dans la lune, on était vite rappelé·e à l'ordre. Et pourtant, c'est si doux de rêver. Cela apporte de telles sensations positives. Cela fait tellement du bien. Ne cesse jamais de rêver. Ne cesse jamais de perdre ton regard dans un ciel étoilé. Ne cesse jamais d'écouter ton enfant intérieur. Jamais.

ANCÊTRE HOMME :

On va dire que c'est l'armée qui a remplacé mes rêves. Très jeune, j'ai dû mettre en place une routine très stricte et très autoritaire. Je n'avais même pas le temps de penser alors rêver, ce n'était pas du tout imaginable pour moi. Mon père m'a toujours dit que les rêves étaient des mensonges qu'on se raconte la nuit. Et que le matin, on revenait à la réalité.

Les rêves, c'est quand on est petit et qu'on n'a rien à faire. Les rêves, ce n'est pas la vraie vie. Les hommes de ma famille ont toujours eu cette énergie très militaire. On fait les choses dans l'ordre et surtout on est très pragmatique. Cela m'a imposé une certaine froideur qui a éteint au fur et à mesure mon envie de rêver. À la fin de mon existence, je ne pensais même plus à ma capacité à rêver. Elle avait totalement disparu. Ce n'est pas triste. C'est ainsi que se déroulait mon existence. C'était la norme de l'époque. Tu as besoin de te défaire de ce côté militaire familial. Tu as besoin de laisser la place à l'oisiveté pour entendre tes rêves d'une nouvelle façon. Toi aussi, tu es toujours en train de faire quelque chose et cela t'empêche totalement d'écouter ton être profond. Ennuie-toi pour écouter tes rêves. Prends le temps de te reposer pour rêver. Détache-toi de ce côté strict que nous t'avons transmis. Cela peut t'emprisonner et t'empêcher d'expérimenter comme tu le souhaites.

CONSEIL TRANSGÉNÉRATIONNEL :

Nous sommes l'énergie de la lignée. Tes ancêtres t'ont déjà donné beaucoup d'informations. Notre famille est marquée par une autorité et par une routine qui ont éteint nos rêves. Notre lignée n'a pas réussi à écouter son enfant intérieur. La joie et l'innocence se sont effacées au fur et à mesure des années. C'est quelque chose qui brutalise nos énergies. Tu peux travailler dessus. Pour ce faire, tu as juste besoin d'écouter et de faire confiance à tes rêves. Tiens un journal de rêves et, chaque matin, écris tes songes. Demande-toi quelles informations et quels conseils ils t'apportent. Demande-toi aussi comment tu peux réaliser ce qui est vraiment très important pour toi. Sois plus souple concernant les règles à suivre et laisse-toi du temps pour faire des choses qui ne sont pas prévues. Sois spontané·e. Cela va t'apporter une nouvelle énergie et à nous aussi. Cela va apporter un nouveau bien-être à tout le monde.

PRÉNOMS IMPORTANTS DE LA LIGNÉE :

Ce sont des prénoms qui ont joué un rôle très important dans notre lignée familiale. Tu peux appeler ces prénoms quand tu en ressens le besoin pour te donner du courage, pour avoir des conseils ou pour te protéger. Émile, Eliott, Étienne, Ego, Erwen, Esteve, Eno, Engel.

DATES IMPORTANTES DE LA LIGNÉE :

Ce sont des dates qui ont marqué et qui marquent encore notre lignée. Utilise ces dates pour mettre en place des choses très importantes pour toi. Les mois de janvier et de février. Le 3 de chaque mois. Le 4 octobre, le 12 novembre, le 16 décembre.

MESSAGE DIVINATOIRE DE LA LIGNÉE :

Tu as besoin de faire une pause. Actuellement, tu es enfermé·e dans une routine qui ne laisse aucune place à tes pensées, à tes désirs et à tes rêves. Chaque jour, tu effectues les tâches de ta *to-do list* sans écouter tes désirs profonds. Cela crée une forme d'ennui qui s'amplifie de jour en jour. Fais une pause. Quitte ton quotidien. Va dans un nouvel endroit et coupe ton téléphone. Sois en contact avec toi-même. Cela va te permettre de créer un nouveau dialogue intérieur et de prendre conscience de tes vibrations profondes. Cela va t'aider à prendre du recul concernant ton quotidien et te permettre de mettre en place de grands changements. Tu as besoin de rêver, et c'est en faisant une pause que tu vas pouvoir y arriver.

ANCÊTRE FEMME :

J'étais très douée de mes mains. Je savais tout faire. De la cuisine à la couture, j'étais une vraie prodige. Rien ne me résistait. Mes mains étaient de vraies sources d'inspiration et dès que j'avais du temps, je créais quelque chose. Cela me faisait beaucoup de bien et me détendait beaucoup. Je n'ai jamais vendu une seule de mes créations et je ne pensais pas que cela était possible. Ce n'était pas le but. Créer me permettait de profiter de l'instant présent, cela m'apportait beaucoup de joie et m'aidait à faire une pause dans mes inquiétudes du quotidien. D'ailleurs, quand je te parle, tu vas sentir une douce odeur de parfum. Avec la création, j'adorais les odeurs et je me manifeste à toi au travers d'odeurs fruitées et douces. C'est ma façon à moi de signaler ma présence et ma protection. En revanche, dans notre famille, nous avons des personnes connues et reconnues pour leurs créations. Je ne sais pas si tu t'es renseigné·e, mais tu pourrais être agréablement surpris·e. Nous sommes des âmes d'artistes et la création fait partie de notre ADN. Quand nous créons, nous nous sentons en vie. Cette mémoire de création est une énergie familiale positive qui t'inspire toi aussi, alors laisse-toi guider par tes désirs de création. Tu vas réaliser de très belles choses.

ANCÊTRE HOMME :

Il y a beaucoup d'ébénistes et de menuisiers dans notre lignée. J'ignore si tu le savais. Pour ma part, j'ai toujours eu une fascination pour les figurines et pour la peinture. Je n'en parlais pas forcément beaucoup, mais c'est quelque chose qui m'a toujours fasciné. Quand j'étais plus jeune, j'adorais regarder les statuettes de soldats. Je ne sais pas pourquoi, mais cela m'hypnotisait. Si tu veux rendre hommage aux membres de notre lignée, mets en évidence une figurine dans un endroit qui est cher à ton cœur dans ton logement. Cela serait un très bel hommage pour nous. J'aimais beaucoup les matières nobles et je prenais plaisir à en faire des œuvres d'art. Mais ce n'était pas forcément mon métier. Il y a eu aussi de nombreux tailleurs de pierres dans notre famille. Nous avons besoin de travailler les différentes matières. Nous avons besoin de créer. C'est quelque chose de très important et surtout nous avons une grande frustration, c'est de ne pas en avoir fait notre métier. Alors si tu désires créer, ose en faire ton métier. Ose donner une valeur pécuniaire à ton talent. Cela sera de nouveau un bel hommage à notre famille. Évidemment, tu le fais uniquement si tu le désires. Il n'y a aucune obligation.

CONSEIL TRANSGÉNÉRATIONNEL :

Nous sommes l'énergie de la famille. Nous sommes des créateurs. Nous avons un vrai talent manuel. Tu as de l'or entre les mains. Tu sais créer quelque chose d'incroyable d'un rien. Tu sais exprimer tes émotions et éveiller celles des autres par tes créations. Tu sais apporter une nouvelle couleur à la morosité du quotidien. C'est un héritage familial. Pour émerveiller ton monde et pour rendre hommage à tes ancêtres, tu peux mettre en avant tes nombreux talents. Tu peux exposer tes créations, tu peux chaque jour prendre du temps pour créer. Cela va te permettre de t'ancrer, mais aussi de créer de nombreux projets positifs. Tu peux aussi transmettre ce que tu sais à tes descendants pour que l'énergie de la famille perdure dans le temps. Tu le fais si c'est un désir important pour toi.

PRÉNOMS IMPORTANTS DE LA LIGNÉE :

Ce sont des prénoms qui ont joué un rôle très important dans notre lignée familiale. Tu peux appeler ces prénoms quand tu en ressens le besoin pour te donner du courage, pour avoir des conseils ou pour te protéger. Olivier, Otto, Octave, Odile, Olympe, Omer, Orbin, Orianne.

DATES IMPORTANTES DE LA LIGNÉE :

Ce sont des dates qui ont marqué et qui marquent encore notre lignée. Utilise ces dates pour mettre en place des choses très importantes pour toi. Les mois de mars et d'avril. Le 17 de chaque mois. Le 4 mai, le 23 mai, le 27 juin, le 11 octobre, le 2 novembre, le 23 novembre.

MESSAGE DIVINATOIRE DE LA LIGNÉE :

Cette année est une année riche en création. Tu vas être invité·e à mettre en pause d'autres projets pour totalement te consacrer à tes idées de création. Cela fait trois ans que je repousse ce désir de création. Tu as l'impression que ce n'est jamais le bon moment. C'est cette année que la magie opère et que tu te révèles à toi-même. Fais-toi confiance et lance-toi. Cela va te permettre de réaliser des choses incroyables et de te rendre compte de ton formidable potentiel. Prends conscience de l'or que tu as entre les mains. Tu vas vivre de très belles expériences positives.

ANCÊTRE FEMME :

Il y a un deuil que je n'ai pas réussi à terminer. Cela a créé une profonde tristesse en moi. Je ne sais pas si tu étais au courant, mais j'avais toujours une figurine d'un petit ange avec moi. Jusqu'à mon dernier souffle, cette figurine a toujours été précieuse à mes yeux. Elle représentait cette perte que je n'ai jamais réussi à surmonter. À mon époque, aller voir un psychologue n'était pas quelque chose de démocratisé et je n'ai pas eu l'aide dont j'avais besoin pour vivre ce deuil. Alors je me suis enfermée dans la nostalgie. J'avais toujours une expression : « ma petite flamme ». Je vais me manifester à toi par cette petite flamme. Sois bien attentif·ve dans les trois prochains jours. Je vais te prouver mon existence et ma présence à tes côtés. Ce deuil non effectué m'a fait beaucoup de mal et dans notre famille, ils sont nombreux, les fantômes de ces deuils non faits. Les femmes de notre lignée ont pris cette habitude de souffrir en silence et de ne pas exprimer leur chagrin. Elles ont pris l'habitude de pleurer leurs fantômes, cachées de tous. Ce n'est pas une habitude que je te conseille de garder. Elle blesse et elle empêche de s'ancrer dans l'instant présent. Elle empêche aussi d'ouvrir de nouveau son cœur. Le mien a été fermé pendant des décennies entières. Ne fais pas comme moi.

ANCÊTRE HOMME :

Je sais que ma mort a été compliquée pour beaucoup de personnes. Je sais que je suis parti brutalement et que cela a été très perturbant pour beaucoup de personnes de notre lignée. J'ai moi-même été marqué par des morts brutales que je n'ai jamais acceptées. Je ne savais pas forcément montrer mon affection. Je pouvais alors dire « fiston » ou « fais attention à toi ». C'était ma façon de dire « je t'aime », mais je parlais peu de mes émotions, de mes peurs et de ce qui me chagrinait. J'avais une profonde relation avec mon grand-père même si je l'ai très peu, voire pas du tout, connu. Je ne sais pas pourquoi, mais je me sentais lié à lui. D'ailleurs, les membres de notre famille ont beaucoup de ressemblances physiques. Prends le temps de retrouver les portraits de nos ancêtres. Tu vas te rendre compte que c'est un musée des sosies, aussi bien les hommes que les femmes. Nous sommes liés les uns aux autres. Nous avons un profond lien d'attachement, mais surtout nous n'arrivons pas à dépasser les deuils. C'est une énergie qui a besoin d'être modifiée. Aujourd'hui, je ne suis plus triste, mais je vois encore mes descendants pleurer et je fais tout ce que je peux pour l'apaiser de là où je suis.

CONSEIL TRANSGÉNÉRATIONNEL :

Nous sommes l'énergie de la famille. Notre famille est marquée par des deuils qui n'ont pas été effectués. Soit parce que les décès ont été trop brutaux, soit parce que personne ne pouvait en parler, soit parce que la personne qui était partie représentait plus qu'un pilier pour les autres membres de la famille. Cela a créé une relation déséquilibrée avec la tristesse. Chaque membre de notre lignée reçoit ce karma triste. Tu peux le ressentir au fond. Au fond de toi, tu peux toujours vivre avec ce regret du passé dont tu n'arrives pas à te défaire. Tu peux travailler sur notre karma familial. Pour ce faire, crée une nouvelle relation avec la tristesse. Fais-le en fonction de tes ressources et de tes limites. Tu peux fermer des chapitres de vie. Tu peux laisser partir des personnes, des relations et des situations. Tu peux arrêter de lutter pour garder ce qui n'est plus auprès de toi. Cela va t'aider à t'ancrer d'une nouvelle façon dans l'instant présent et nous apporter une nouvelle légèreté.

PRÉNOMS IMPORTANTS DE LA LIGNÉE :

Ce sont des prénoms qui ont joué un rôle très important dans notre lignée familiale. Tu peux appeler ces prénoms quand tu en ressens le besoin pour te donner du courage, pour avoir des conseils ou pour te protéger. Nadine, Nadège, Nadia, Nicolas, Noé, Nelly, Nathaël, Nassim, Nino, Natacha, Noura.

DATES IMPORTANTES DE LA LIGNÉE:

Ce sont des dates qui ont marqué et qui marquent encore notre lignée. Utilise ces dates pour mettre en place des choses très importantes pour toi. Le mois de mars et le mois de mai. Le 23, le 24 et le 25 mai. Le 4 de chaque mois. Le 12 et le 14 septembre. Le 21 décembre.

MESSAGE DIVINATOIRE DE LA LIGNÉE:

Actuellement, tu pleures une relation ou une situation du passé et il te semble impossible de déposer le deuil. Tu as besoin de l'aide d'une personne de confiance. Tu as besoin d'exprimer ce que tu ressens. Ose le faire. Cela va t'aider à t'ancrer dans l'instant présent. Durant les quatre prochains mois, il y a trois nouvelles opportunités qui vont se présenter. Elles vont te permettre de vivre quelque chose de totalement différent. Elles vont apporter de très grands changements. Ose aller de l'avant. Cela ne veut pas dire que tu oublies ce que tu as aimé. Cela veut dire que tu continues de vivre et d'avancer. Le moment est venu de reprendre ta route. Tu as le soutien de personnes de cœur pour le faire.

ANCÊTRE FEMME :

Les femmes de ma lignée ne se sont jamais plaintes. Elles ont travaillé dans les champs, dans les usines, dans les fermes et elles n'ont jamais rien dit. Elles ne disaient pas qu'elles avaient mal, elles ne demandaient pas à faire des pauses, elles ne prenaient pas le temps de bien dormir. Elles se tuaient à la tâche. Je me suis tuée à la tâche. Je n'ai jamais écouté mon corps physique. Je lui demandais toujours de suivre mon rythme et je n'écoutais pas mes douleurs. Je repoussais toujours mes examens médicaux à faire et j'avais toujours un rythme très soutenu. Ce fut une grave erreur. Je ne m'en rends compte que maintenant. Mon corps me hurlait de prendre davantage soin de lui. Il me demandait de faire les choses différemment. Il me demandait de répondre davantage à ses besoins. Je n'ai pas voulu entendre et j'ai laissé la souffrance devenir ma compagne de route sans mettre un nom dessus. Si tu savais comme j'avais mal aux pieds, mais je ne disais rien. Les disques de mon dos étaient complètement foutus. Je ne disais rien non plus. Mon épaule craquait tout le temps dans un silence total. Mon corps était meurtri et je ne voulais pas le voir. Ne fais pas comme moi. Écoute ton corps. Écoute ces signaux d'alarme. C'est ta première demeure, c'est ton principal allié. Sans lui, tu ne peux rien faire. Ne commets pas la même erreur que moi, que nous. Fais de ton bien-être corporel ta priorité.

ANCÊTRE HOMME :

Savais-tu qu'il y avait une blessure qui se transmettait de génération en génération ? Dans chaque génération, il y a toujours un membre de la famille qui se blesse la cheville et qui ne dit rien. Cette blessure crée ensuite d'autres problèmes de santé qui ne sont pas traités. Je me suis moi-même blessé la cheville. J'étais jeune, je courais, je suis tombé, ma cheville a doublé de volume et je n'ai rien dit. J'ai ensuite commencé à avoir une démarche originale car, pendant des années, j'ai essayé de ne pas boiter. Et puis quand j'ai vieilli, cette cheville me réveillait la nuit en me créant des douleurs insoutenables. Sais-tu ce que représente cette blessure ? C'est le fait que notre famille est marquée par un manque d'actions pour prendre soin de soi. Aucun des membres de notre famille n'a réussi à agir pour prendre soin de lui. On savait prendre soin des autres, on savait agir pour notre vie professionnelle, on savait agir pour notre famille, mais quand il s'agissait de prendre soin de nous, il n'y avait personne. Si tu as toi aussi mal à la cheville, s'il te plaît, soigne-la. Les douleurs sont vraiment atroces par la suite. Prends soin de toi et prends au sérieux cette blessure. Elle est transgénérationnelle et le symbole de beaucoup de choses. Le moment est venu de t'écouter.

CONSEIL TRANSGÉNÉRATIONNEL :

Nous sommes l'énergie de la famille. Notre lignée est profondément marquée par un manque d'écoute de soi. Notre famille n'arrive pas à écouter et à prendre soin de son corps physique. Nous avons pris l'habitude de tout passer par la force. Tu ressens ce karma familial, car tu ne t'autorises jamais à tomber. Tu ne t'autorises jamais de pause. Tu ne t'autorises pas à avoir mal. Quand quelque chose te blesse, tu avances encore plus vite. Cela donne l'impression que tu es une personne extrêmement forte, mais tu es surtout une personne qui ne s'écoute pas, car on ne t'a pas appris à le faire. Tu peux travailler sur ce karma familial. Pour ce faire, écoute ton corps. Arrête de vouloir être un·e guerrier·ère que rien n'atteint. Ressens où la douleur est présente et agis pour la détendre. Mets en place des rituels qui t'aident à faire preuve de douceur et de bienveillance envers toi. Réconcilie-toi avec ton corps. Réconcilie-toi avec ses demandes et ses besoins. Cela va te faire le plus grand bien et cela va apporter une douce énergie à toute la lignée.

PRÉNOMS IMPORTANTS DE LA LIGNÉE :

Ce sont des prénoms qui ont joué un rôle très important dans notre lignée familiale. Tu peux appeler ces prénoms quand tu en ressens le besoin

pour te donner du courage, pour avoir des conseils ou pour te protéger. Mickaël, Madeleine, Madison, Madie, Mael, Maes, Maeva, Magali.

DATES IMPORTANTES DE LA LIGNÉE :

Ce sont des dates qui ont marqué et qui marquent encore notre lignée. Utilise ces dates pour mettre en place des choses très importantes pour toi. Le mois d'octobre. Le 9 de chaque mois. Le 3 mars, le 28 juin, le 10 juillet, le 20 septembre, le 14 novembre.

MESSAGE DIVINATOIRE DE LA LIGNÉE :

Actuellement, ton corps physique t'envoie de très nombreux signaux que tu n'écoutes pas. Rappelle-toi que ton corps est ton principal guide. Il est en train de donner de précieuses informations pour aller dans une direction qui est plus juste pour toi. Cela fait six mois que ton corps te parle et que tu n'écoutes pas. Fais une pause pour prendre soin de lui. Cela va te permettre d'avoir des révélations importantes et t'aider à changer de direction dans différents domaines de ta vie. C'est ton corps qui a raison et non ton mental, tu peux lui faire confiance.

ANCÊTRE FEMME :

La société a eu un très fort impact sur moi et sur toute notre famille, et cela depuis des décennies. Beaucoup de nos ancêtres ont été obligés de déménager à cause de la société. Certains membres de notre famille ont même changé de pays et ont été totalement déracinés. Beaucoup de membres de notre lignée ont dû cacher leur véritable identité, car leur survie en dépendait. La société nous a toujours obligés à fuir et cela a créé une grande méfiance en nous. Nous étions toujours sur le qui-vive et nous avons développé une grande vigilance vis-à-vis des personnes que nous ne connaissons pas. Cela a aussi créé une grande blessure d'injustice. La société n'a pas été tendre avec nous. Elle nous a contraints à modifier notre nature profonde, à intégrer des façons d'être et de faire qui ne nous correspondaient pas. J'ai détesté la société dans laquelle je vivais. J'ai développé une très grande colère. Et j'ai toujours dit à mes proches de ne pas se laisser faire, car je n'ai pas réussi à me rebeller. Ne laisse pas la société te dicter tes choix. Ne la laisse pas te décrire et te contraindre. Sois la personne rebelle que je n'ai pas réussi à être. Ose dénoncer ces injustices. Fais-le pour moi si tu t'en sens capable. Un grand merci à toi.

ANCÊTRE HOMME :

J'ai pris le chemin totalement contraire à ce que je souhaitais vraiment. Je ne rentrais pas dans la norme de la société. J'ai appris à cacher mes émotions, ma vulnérabilité, ma sensibilité pour répondre aux codes que la société m'imposait. J'ai eu un travail « normal » alors que j'avais une vraie âme d'artiste. J'ai créé une famille alors que je voulais parcourir le monde en solitaire. Je me suis concentré sur des considérations matérielles alors que je n'en avais strictement rien à faire. Je me suis toujours senti en marge des autres. J'ai appris à imiter les autres et à répéter ce que j'entendais. C'était d'un tel ennui. Je me rêvais mousquetaire et véritable héros, mais je n'étais qu'un employé prenant le même chemin tous les jours et retournant au même endroit le soir. Je ne faisais que soupirer. D'ailleurs, je te vois aussi le faire et je souris, car je te comprends tellement. Les injonctions sociétales peuvent être terrifiantes et nous enfermer dans des cases qui sont à l'opposé de nos véritables désirs. Ose te détacher de ces cases. Ose réaliser tes rêves. Tu as toutes les capacités pour le faire. Je le sais et toi aussi. Le moment est venu de créer ton propre chemin.

CONSEIL TRANSGÉNÉRATIONNEL :

Nous sommes l'énergie de la famille. Les injonctions de la société ont toujours une très grande place dans notre vie et cela a impacté des dizaines de générations. La société a toujours eu un effet négatif sur les membres de notre lignée. Nous avons toujours eu cette impression d'être à part, voire d'être bizarres. Tu peux avoir cette même sensation. Tu peux t'en détacher comme tu peux travailler sur notre énergie.

Pour ce faire, prends le temps de cerner quelles sont les injonctions sociétales les plus présentes dans ta vie. Pour rappel, une injonction sociétale est un ordre formel sous menace d'une sanction créé par la société. Demande-toi depuis quand elles sont présentes et comment tu peux t'en détacher. Demande-toi comment tu peux expérimenter par et pour toi-même en respectant tes limites et celles des autres. Cela va te permettre de créer une nouvelle relation avec toi-même et de créer ton propre chemin. Cela va aussi nous faire le plus grand bien.

PRÉNOMS IMPORTANTS DE LA LIGNÉE :

Ce sont des prénoms qui ont joué un rôle très important dans notre lignée familiale. Tu peux appeler ces prénoms quand tu en ressens le besoin pour te donner du courage, pour avoir des conseils ou pour te protéger. Quentin, Quartz, Quinto, Quiten, Quiin.

DATES IMPORTANTES DE LA LIGNÉE :

Ce sont des dates qui ont marqué et qui marquent encore notre lignée. Utilise ces dates pour mettre en place des choses très importantes pour toi. Les mois de mars et de septembre. Le 12 de chaque mois. Le 1er janvier, le 3 mars, le 5 mai, le 7 juillet, le 9 septembre, le 11 décembre

MESSAGE DIVINATOIRE DE LA LIGNÉE :

Actuellement, tu n'avances pas dans un projet important pour toi. Tu es freiné·e par des croyances limitantes véhiculées par la société qui te font croire que tu fais mal les choses et tu ne peux pas continuer ce que tu es en train de faire. C'est totalement faux. Tu es dans le juste et tu as le droit de créer tes propres règles. Prends le temps de déconstruire ces fausses croyances pour continuer à réaliser ce beau projet. Tu vas obtenir les résultats de tes efforts et cela va te permettre de créer une vraie abondance qui te permettra de te sentir en sécurité. Plus tu vas te faire confiance, plus tu vas construire des choses incroyables.

ANCÊTRE FEMME :

J'ai tellement pleuré à cause de la guerre. J'ai perdu des proches et j'ai vu ma propre famille pleurer aussi. La guerre a marqué notre lignée. Tu sais, nous avons vécu à une époque où nous étions dépendantes de notre mari. Nous étions, malgré nous, dépendantes des hommes. Et beaucoup d'hommes de notre lignée sont morts à la guerre. Nous nous sommes retrouvées désemparées et sans ressources. C'est là que nous avons pu montrer notre véritable potentiel et nos capacités d'indépendance, mais à quel prix? Cela a été très dur. Je suis marquée par la guerre. La violence des hommes et ces morts arbitraires ont terrorisé notre lignée depuis très longtemps. Perdre la vie sur un champ de bataille pour un combat qui n'est pas le sien, c'est abominable. J'ai vécu la vie comme une guerre et comme un combat. J'ai appris à provisionner, à me préparer au pire. Le calme était signe d'une tempête. Je m'attendais toujours à ce que le chaos arrive et cela a créé beaucoup de stress et d'anxiété. Cette peur du chaos, cette impression que tout va vaciller d'un moment à l'autre, tu en as hérité et j'en suis désolée. Réconcilie-toi avec le monde extérieur, arrête de craindre le pire et profite pleinement de l'instant présent. Rappelle-toi que le monde extérieur est incontrôlable: savoure tout le positif autour de toi dès que tu peux.

ANCÊTRE HOMME:

Nous, les hommes de la famille, avons été décimés par la guerre. Je me souviens encore des récits terrifiants que j'entendais de la bouche de mon père, de mes oncles et même de mon grand-père. Ces photos que j'ai dû regarder alors que j'étais trop jeune et trop sensible pour les supporter. Nous, les hommes de cette famille, avons beaucoup perdu à cause de la guerre. J'ai toujours eu l'impression que cette énergie de chaos s'était inscrite en moi et je n'ai avancé qu'en étant sur un champ de bataille. J'étais méfiant avec les autres et je pouvais être toujours sur la défensive. J'avais toujours l'impression que les autres cherchaient à me faire du mal ou à me manipuler. J'ai pu être violent dans mes mots et j'en suis vraiment désolé. Je ne voulais pas. J'étais, avant, un garçon tellement doux et sensible, mais je me suis laissé gangréner par cette énergie familiale. La vie est un chaos, la vie est une guerre. Bats-toi ou tu périras. C'était totalement faux, mais je ne le savais pas. Ne vis pas comme moi. Ne cherche pas à déjouer les plans d'attaque. Ils n'existent pas. Tu as cette même sensibilité et cette même douceur, alors mets-les en avant et sois fragile. Nous avons été virils à l'extrême et cela a été très traumatisant pour nous. Je t'en supplie, ne fais pas comme moi.

CONSEIL TRANSGÉNÉRATIONNEL :

Nous sommes l'énergie de la lignée. Les membres de notre famille sont marqués par les blessures d'injustice et de trahison. Nous avons, chacun d'entre nous, une profonde colère et un besoin de nous protéger de l'autre en permanence. Notre lignée est marquée par une froideur et une grande susceptibilité. Tu peux travailler sur ce karma. Ne sois pas le sauveur guerrier. Nous avons besoin de douceur. Tu as besoin de douceur. Pour apporter une nouvelle énergie à notre famille, tu peux créer une nouvelle relation avec la colère. Tu peux arrêter de la fuir ou de l'écouter comme une alerte. Tu peux aussi refaire confiance à l'extérieur, faire confiance aux autres, faire confiance à la vie. Plus tu vas créer une nouvelle relation avec ces blessures, mieux tu vas te sentir. Tu vas pouvoir explorer et apprivoiser ta douceur et ta sensibilité. Tu vas, en même temps, nous l'apporter et cela va être bénéfique pour tout le monde. Sois doux·ce et bienveillant·e envers toi et envers les autres. Ne cherche pas la perfection, fais juste de ton mieux.

PRÉNOMS IMPORTANTS DE LA LIGNÉE :

Ce sont des prénoms qui ont joué un rôle très important dans notre lignée familiale. Tu peux appeler ces prénoms quand tu en ressens le besoin pour te donner du courage, pour avoir des conseils ou pour te protéger. Hector, Hugo, Hercule, Harry, Hélène, Hermine, Herbert.

DATES IMPORTANTES DE LA FAMILLE :

Ce sont des dates qui ont marqué et qui marquent encore notre lignée. Utilise ces dates pour mettre en place des choses très importantes pour toi. Le mois de décembre, le 2 de chaque mois, le 15 juin, le 24 août, le 28 septembre, le 18 avril, le 25 novembre.

MESSAGE DIVINATOIRE DE LA LIGNÉE :

Tu vis actuellement une période où tu as l'impression que tout le monde est contre toi. Tu as vécu de grandes déceptions et tu as l'impression d'être épuisé·e. Écoute ton corps et prends le temps de te reposer. Tu étais dans des schémas de fonctionnement, de pensées et relationnels qui pouvaient être toxiques. Tu as besoin de changements. Tu as besoin de t'affirmer davantage. Tout va s'arranger, mais n'attends pas que les actions soient mises en place par les autres. Sois le moteur. Ose t'affirmer, ose t'exprimer et ose modifier les choses. Plus tu vas faire le premier pas, plus tu vas pouvoir créer un nouveau cadre intérieur et extérieur sain et serein.

ANCÊTRE FEMME :

J'ai toujours écouté ma mère qui a elle-même écouté sa propre mère. Nous avions un rôle à tenir, une tenue exigée et nous n'avions pas le droit de sortir des rangs. J'ai appris très jeune que ma place devait être la plus discrète possible et que je devais faire très attention à ce que les autres pensaient de moi. Je me suis sentie obligée de faire ce que mes parents faisaient et j'écoutais d'une oreille attentive mes grands-mères pour être sûre de ne pas faire de faux pas. Je ne pouvais pas être originale, mais je ne me posais même pas la question. Je devais continuer à faire ce qui avait déjà été fait. Le reproduire à l'identique. Tout changement ou toute opposition étaient perçus comme une trahison. Je n'ai pas vécu cela dans la douleur. C'était ma normalité. Je prends conscience là où je suis que c'était un conditionnement et pas forcément une évidence, mais c'était mon expérience. Ce n'est pas obligatoire que cela soit la tienne. Tu peux vivre de tes passions, rire fort, sortir des codes établis. Tu as le droit d'être parfois vulgaire, parfois rebelle, parfois autoritaire. Ne t'efface pas comme j'ai pu le faire. Ose briller. Ta lumière est si grande.

ANCÊTRE HOMME :

J'ai toujours travaillé. Comme mon père et comme tous les hommes de ma famille. Mon rôle était de travailler et de veiller à ce que ma famille ne manque de rien. J'ai tellement travaillé que je me suis oublié. Je n'écoutais pas mes émotions et je ne devais surtout pas être vulnérable. Je ne devais pas dire que j'étais fatigué ou que mon corps me faisait souffrir. Je devais être le patriarche. Et surtout, j'avais toujours besoin que les autres hommes de la famille me voient comme un exemple, comme celui qui réussit et qui excelle dans son domaine. La pression de la réussite était parfois insupportable. Je dormais très peu et je n'avais pas de moments de repos. Je devais faire. Je n'étais pas. J'ai aussi fui mes pensées. Je me suis empêché de réfléchir sur mes propres besoins et mes propres désirs. Je n'avais pas le temps pour cela et surtout je savais que je n'avais pas la possibilité de changer les choses. Ce n'était pas forcément douloureux, car j'ai toujours vécu de cette façon. J'aurais aimé plus profiter de la vie et de mes proches. Leur montrer davantage mon amour. On pensait souvent que je ne ressentais rien. Ce n'est pas vrai. Mes sentiments étaient puissants et ma sensibilité aussi, mais je m'interdisais de les montrer. Prends du temps pour toi. Prends du temps pour t'exprimer, pour dire qui tu es et surtout pour profiter de la vie. Tu ne gagnes pas de bons points de l'autre côté à travailler comme un·e acharné·e sans que cela ait du sens pour toi. Vraiment. Profite de la vie.

CONSEIL TRANSGÉNÉRATIONNEL :

Nous sommes l'énergie de la famille. Prends conscience que ta valeur n'est pas liée à ton travail. Tu as le droit d'échouer. Tu as le droit de changer d'avis. Tu as le droit de ne pas briller dans ta vie professionnelle. Tu as le droit de quitter une relation qui ne te convient pas. Tu as le droit de ne pas avoir les mêmes valeurs et les mêmes envies que tes ancêtres. Tu as le droit d'être toi. Rappelle-toi que tu es unique et original·e. Tu mérites d'être toi-même. Nous avons expérimenté à notre façon et tu nourris aussi l'énergie transgénérationnelle, alors sois juste toi-même. Ose, essaye, tombe et reprends ta route. Ne cherche pas à nous ressembler. Cherche qui tu es. Tu as le droit et tu le mérites. Nous sommes près de toi pour tout ce que tu entreprends. Tu es incroyable. Tu es une personne magique et tellement belle. Nous sommes fiers de toi, qu'importe ce que tu fais, alors ose sortir de ta zone de confort, ose faire confiance à tes passions et ose découvrir toutes les facettes de ton être.

PRÉNOMS IMPORTANTS DE LA LIGNÉE :

Ce sont des prénoms qui ont joué un rôle très important dans notre lignée familiale. Tu peux appeler ces prénoms quand tu en ressens le besoin pour te donner du courage, pour avoir des conseils ou pour te protéger. Margarette, Madeleine, Marc, Maurice, Marise, Michel.

DATES IMPORTANTES DE LA LIGNÉE :

Ce sont des dates qui ont marqué et qui marquent encore notre lignée. Utilise ces dates pour mettre en place des choses très importantes pour toi. Le mois d'avril, le 8 février, le 24 mai, le 9 septembre, le 12 décembre, le 5 de chaque mois.

MESSAGE DIVINATOIRE DE LA LIGNÉE :

Tu entres dans une énergie où les choses s'accélèrent. Arrête de reporter, car tu as devant toi une opportunité qui ne va pas se présenter une deuxième fois. Si elle n'est pas présente, elle arrivera dans ta vie dans les trois mois. Ose la saisir et dis-lui « oui ». Grâce à elle, tu vas ouvrir un nouveau chapitre de vie et tu vas te rendre compte que tu es capable de vivre d'incroyables expériences. Une personne dont le prénom commence par M va t'aider à sortir de ta zone de confort. Fais-lui confiance. Tu vas te révéler à toi-même.

ANCÊTRE FEMME :

Savais-tu que ma mère m'a oubliée de nombreuses fois ? Ce n'est pas une blague. Je crois au plus profond de mon être que je n'étais pas désirée ou que mes parents voulaient un garçon. En tout cas, moi, qui je suis, je n'avais pas ma place au sein de ma propre famille. Les femmes ont eu un terrible destin dans notre lignée. Je ne sais pas si tu t'es renseigné·e, mais nous avons un karma lourd concernant notre place. Beaucoup de femmes de notre famille ont été cachées ou ont même été abandonnées. Beaucoup d'entre elles ont dû se débrouiller seules sans l'aide de personne. Cela n'a pas du tout été évident et cela a créé un karma familial assez lourd. Je n'ai jamais réussi à vraiment trouver ma place, devenue adulte. Je m'excusais toujours d'être là et je parlais toujours timidement. Cette timidité est aussi transmise comme une mémoire transgénérationnelle. Je ne pourrais pas te dire qui j'étais, car je ne l'ai jamais su lors de mon existence. Je ne savais pas ce que je voulais, qui j'étais et ce que je désirais. Je pleurais seule dans mon coin, car rien n'avait de sens. Je sais que tu cherches aussi ta place et si je peux te donner un conseil: n'attends pas qu'on te la donne. Crée-la. Affirme-toi et montre-toi. Tu as le droit de parler fort et tu as le droit de t'exprimer. Si tu as besoin de pleurer, pleure. Je suis à tes côtés pour t'aider à sécher tes larmes.

ANCÊTRE HOMME :

J'ai fait des choix qui ont bouleversé ma vie et qui lui ont donné un tournant qui n'était pas forcément celui que je souhaitais. J'ai toujours eu peur de prendre des décisions par moi-même, alors j'étais très impulsif et je ne prenais pas forcément le temps de réfléchir. Je devais ensuite assumer les conséquences qui étaient vraiment négatives. J'ai dû être très vite indépendant, alors je n'étais pas forcément armé pour savoir quoi faire et comment faire. Et, surtout, j'étais incapable de demander de l'aide, car je ne savais même pas que je pouvais le faire. Alors j'ai essayé comme je le pouvais de tout gérer seul en courant après le temps. Cela a créé une vie qui n'était pas forcément à mon image. Les autres se moquaient souvent de moi, car je donnais l'impression d'être un mec paumé qui se laissait facilement influencer. Mais ce n'était pas cela, le fond du problème. Je n'ai jamais vraiment su où je voulais aller et ce que je voulais faire. C'était comme si toute ma vie, j'avais joué un jeu sans en comprendre les règles. Même là, quand je te parle, je ne sais pas forcément ce que je souhaite te dire. Cette énergie terrestre est encore présente en moi. Cette énergie de précipitation et de brouillard. Si je peux te donner un conseil, prends le temps dont tu as besoin pour être sûre de toi. La vie n'est pas une course. C'est un chemin que tu crées à ton rythme. Prends vraiment le temps de t'écouter.

CONSEIL TRANSGÉNÉRATIONNEL :

Nous sommes l'énergie de la famille. Notre lignée comprend des vies où les membres de notre famille n'ont pas réussi à trouver leur place. Ce n'est pas leur faute, personne ne les a aidés pour le faire. Les décisions n'étaient pas forcément réfléchies et ils ont eu de grandes difficultés à créer des liens de confiance avec les autres. Ils ont eu de grandes difficultés à se faire confiance et à faire confiance aux autres. Tout était brumeux. Tu peux ressentir ce brouillard à l'intérieur de toi. Tu peux avoir l'impression de ne pas être capable de trouver ta place. Pour travailler sur cette énergie, prends le temps dont tu as besoin pour découvrir toutes les parties de ton être. Ose définir ce qui est important pour toi, tes qualités, tes défauts, ce qui te décrit le plus. Ensuite, demande-toi ce que tu souhaites vivre et comment tu peux le créer. Et surtout, prends ton temps. Avance vraiment à ton rythme. Cela va t'apporter une nouvelle énergie et cela va nous faire le plus grand bien.

PRÉNOMS IMPORTANTS DE LA LIGNÉE :

Ce sont des prénoms qui ont joué un rôle très important dans notre lignée familiale. Tu peux appeler ces prénoms quand tu en ressens le besoin pour te donner du courage, pour avoir des conseils ou pour te protéger. Cyrielle, Cupidon, Clovis, Clarice, Courage, Charly, Colomb, Constance.

DATES IMPORTANTES DE LA LIGNÉE :

Ce sont des dates qui ont marqué et qui marquent encore notre lignée. Utilise ces dates pour mettre en place des choses très importantes pour toi. Le mois de janvier, le 28 de chaque mois. Le 2 février, le 25 avril, le 4 mai, le 18 octobre, le 25 novembre, le 9 décembre.

MESSAGE DIVINATOIRE DE LA LIGNÉE :

Actuellement, tu ne te sens pas à ta place. Tu n'arrives pas à dire des choses importantes aux autres. Et pourtant, il y a deux relations dans lesquelles tu ne te sens pas épanoui·e. Tu as besoin de t'exprimer, mais tu n'oses pas le faire. Tu n'oses pas te rebeller et dire les choses qui ne te conviennent pas. Tu attends que ce soient les autres qui fassent le premier pas. C'est à toi de dire les choses et c'est à toi de le faire en premier. Demande de l'aide si tu en ressens le besoin. Ose t'exprimer. Cela va te permettre de modifier ces relations en profondeur et cela va t'aider à créer de nouvelles bases relationnelles qui vont être bénéfiques pour toi, mais aussi pour les autres.

ANCÊTRE FEMME :

Le divorce était très mal vu dans ma famille. Il était considéré comme un véritable échec. Je me souviens de ma sœur qui avait osé parler de séparation et qui avait reçu les disgrâces de la famille. On ne pouvait pas parler de séparation. Cela était inimaginable. Je me suis interdit de penser à la rupture. C'était quelque chose que je ne concevais pas et je pouvais me montrer très intolérante quand des couples osaient se séparer. Je ne savais pas à l'époque qu'ils me montraient que d'autres chemins étaient possibles. Qu'on n'était pas obligé·e de rester avec la même personne jusqu'à sa mort. Mais lors de mon existence, je voyais cela comme un drame et comme le fait de tout perdre. Alors j'ai aussi critiqué ma sœur, je l'ai encouragée à oublier ce besoin de rupture. Je sais que cela n'a pas fonctionné, mais c'était plus fort que moi. Aujourd'hui, de là où je suis, je vois que le divorce est entré dans les mœurs et surtout que les couples se marient beaucoup moins qu'avant. Cela me désole un peu, mais c'est la société qui se renouvelle encore et encore. D'ailleurs, je me rends compte qu'on se détache aussi du couple hétéronormé. Je ne comprends pas tout, mais de là où je suis, ce qui compte est l'amour véritable et je souhaite à tout le monde de vivre dans une belle énergie de paix et de sérénité. Oui, je sais, cela t'étonne que je puisse dire cela, mais j'ai changé depuis mon décès. J'évolue. Et je te souhaite de créer tes propres normes de couple pour que tu puisses être la personne la plus heureuse de la Terre.

ANCÊTRE HOMME :

En 1800, un couple de notre lignée s'est séparé. Et cela s'est fait dans le plus grand des secrets. Ils ont eu le courage de mettre un terme à une relation qui ne leur convenait plus du tout. Et ce secret s'est cristallisé. Tout le monde a vu cela comme une grave erreur qu'il fallait cacher, alors inconsciemment, les membres de la famille ont refusé de faire pareil. Ils ont refusé de se quitter, même s'il n'y avait plus d'amour. C'était une énergie assez lourde à porter. On ne pouvait pas parler de nos doutes, de notre envie d'arrêter et on devait tout taire. Les conflits étaient aussi évités. Ils pouvaient déboucher sur une rupture, alors la communication s'est ausitôt arrêtée. Cela donnait une très belle vitrine sociale, mais les membres de notre famille étaient profondément tristes. Une année a profondément marqué notre famille. C'est l'année 1962. Fais tes recherches. Tu vas comprendre. Je ne peux pas t'en dire plus. La rupture n'est pas un échec. Ce couple était mes héros. Ils ont été heureux, car ils ont compris qu'un engagement pris peut être rompu et cela ne fait pas d'eux d'horribles personnes, bien au contraire. Ce sont des personnes respectueuses des désirs de chacun et de chacune.

CONSEIL TRANSGÉNÉRATIONNEL :

Nous sommes l'énergie de la famille. L'échec de la rupture est très ancré en nous. Tu peux le ressentir au fond de toi. Cela peut impacter tes schémas relationnels avec les autres. Tu peux très mal vivre tes propres ruptures. Cela peut créer un grand désespoir et tu peux aussi fortement juger et critiquer l'autre quand il souhaite arrêter la relation. Cette mémoire familiale peut aussi te paralyser et tu peux refuser de t'engager par peur d'être enfermé·e dans une relation que tu ne pourras pas arrêter. Tu peux apporter une nouvelle énergie à notre lignée. Pour ce faire, regarde la rupture d'une nouvelle façon. Prends conscience qu'une relation est une expérience qui peut s'arrêter. La rupture n'est pas un échec. Ce sont juste deux chemins qui se séparent. Une rupture ne veut pas dire que tu n'es pas aimable ou que tu as perdu ton temps. C'est juste que les deux personnes ont évolué différemment. Plus tu vas créer une nouvelle relation avec la rupture, plus tu vas apporter une nouvelle légèreté et une nouvelle énergie à la lignée.

PRÉNOMS IMPORTANTS DE LA LIGNÉE :

Ce sont des prénoms qui ont joué un rôle très important dans notre lignée familiale. Tu peux appeler ces prénoms quand tu en ressens le besoin pour te donner du courage, pour avoir des conseils ou pour te protéger. Suzanne, Suzon, Séverine, Sébastien, Samuel, Sofiane, Solène, Steeve.

DATES IMPORTANTES DE LA LIGNÉE :

Ce sont des dates qui ont marqué et qui marquent encore notre lignée. Utilise ces dates pour mettre en place des choses très importantes pour toi. Les mois de septembre et de décembre. Le 26 de chaque mois. Le 3 avril, le 14 août, le 11 septembre, le 18 octobre, le 24 décembre.

MESSAGE DIVINATOIRE DE LA LIGNÉE :

Actuellement, il y a une rupture que tu n'arrives pas à digérer. Cela crée un goût d'inachevé. Tu te demandes comment tu aurais pu mieux faire les choses et tu attends que tout s'arrange. Cela te bloque dans le passé et t'empêche de t'ancrer dans l'instant présent. On t'invite à faire le deuil total de cette rupture. Cela va t'aider à te recentrer et à laisser la porte ouverte à de nouvelles rencontres et de nouvelles relations. Cela va t'aider aussi à te consacrer à un projet professionnel que tu avais laissé de côté pour cette ancienne relation. Cela va t'aider à t'épanouir d'une nouvelle façon. Tu as besoin de penser à toi. Cette année, concentre-toi uniquement sur toi. De très belles surprises vont arriver.

ANCÊTRE FEMME :

J'ai connu la pauvreté. Notre famille n'a pas pu manger à sa faim tous les jours et nous avons vécu dans des conditions assez rudes. Nous avons été pendant longtemps dans une survie plutôt que dans une vie douce et calme. Nos ancêtres aussi ont connu la misère. J'ai longtemps entendu ces récits où nous ne pouvions nous nourrir qu'avec des tickets de ravitaillement et où nous cousions nous-mêmes nos vêtements, faute de moyens. Ce manque et cette peur de tout perdre ont été très pénibles à vivre. C'est pour cela que les biens matériels sont très importants dans notre famille. Peut-être as-tu ce besoin d'avoir ta maison à toi et tu ne sais pas pourquoi cela est aussi fort. C'est parce que nous avons manqué de sécurité matérielle. Notre maison est notre bien le plus précieux et c'est quelque chose pour lequel nous nous sommes battues. Des maisons de notre lignée ont été réquisitionnées pendant la guerre ou ont été détruites et nous avons très mal vécu cela. Peut-être que nous avions peu de choses, mais nous avisons notre demeure à nous. Il est très important pour les descendants de notre lignée d'être propriétaires de leur maison. Ce n'est pas un besoin capitaliste. C'est un réel besoin karmique de protection et de sécurité. Les membres de notre famille sont prêts à tout sacrifier pour préserver leur patrimoine et ce besoin est présent en toi.

ANCÊTRE HOMME :

J'avais une relation particulière avec les billets. Je n'étais pas du tout matérialiste, mais je prenais toujours beaucoup de temps à regarder les billets et à les avoir dans mes mains. Pourquoi ? Car pendant longtemps je n'ai vécu qu'en comptant de la petite monnaie. Dis-toi que j'ai même volé dans ma vie. Et évidemment, ce n'était pas pour le plaisir d'être un hors-la-loi. J'avais d'ailleurs gardé une petite boîte en fer où j'avais déposé un billet et de la petite monnaie. Alors je pouvais me montrer avare, mais j'ai vraiment manqué d'argent et de sécurité matérielle. Savais-tu qu'il y avait beaucoup de vagabonds dans notre famille ? Des troubadours ? Des femmes et des hommes très talentueux, mais sans le sou. Alors tout l'argent que je pouvais trouver, je le conservais. Je marchais toujours en regardant le sol pour trouver les pièces qui traînaient par terre. Je n'ai pas eu la sécurité matérielle que je souhaitais et je suis très content d'être détaché du matériel là où je suis. Cela me créait beaucoup d'inquiétudes et je suis soulagé aujourd'hui. L'argent ne fait pas le bonheur, mais il le facilite quand même. Je sais que les conditions financières sont rudes pour toi et je suis là pour t'aider à créer une nouvelle abondance. Je sais que ce n'est pas facile, mais tu n'es pas seul·e.

CONSEIL TRANSGÉNÉRATIONNEL :

Nous sommes l'énergie de la famille. La peur de manquer est très présente dans notre lignée. Nous avons beaucoup manqué et cela a créé ce karma familial qui nous empêche d'être dans la gratitude et de profiter de tout ce que nous avons. Tu peux ressentir cette mémoire transgénérationnelle en étant toujours dans la crainte de perdre ce que tu as ou en étant toujours dans cette énergie de manque. Tu peux travailler sur l'énergie de la famille. Pour cela, réconcilie-toi avec la gratitude. Prends le temps de profiter de tout ce que tu as et de tout ce que tu es. Concentre-toi sur ce qui est présent dans ta vie et non sur le manque. Cela va te permettre de créer une nouvelle relation avec l'abondance et apporter une nouvelle énergie à la famille. Nous ne pouvons pas te promettre que tu ne manqueras plus jamais. Mais tu peux créer une nouvelle énergie avec tout ce que tu possèdes déjà.

PRÉNOMS IMPORTANTS DE LA LIGNÉE :

Ce sont des prénoms qui ont joué un rôle très important dans notre lignée familiale. Tu peux appeler ces prénoms quand tu en ressens le besoin pour te donner du courage, pour avoir des conseils ou pour te protéger. Fabrice, François, Fares, Fabio, Frédéric, Francis, Flobert, Ferdinand, Faustine, Frank, Françoise, Francesca.

DATES IMPORTANTES DE LA LIGNÉE:

Ce sont des dates qui ont marqué et qui marquent encore notre lignée. Utilise ces dates pour mettre en place des choses très importantes pour toi. Les mois de septembre et de novembre. Le 23 de chaque mois. Le 19 juin, le 24 juillet, le 2 août, le 28 septembre, le 4 novembre.

MESSAGE DIVINATOIRE DE LA LIGNÉE:

Actuellement, tu as l'impression que tu manques de tout ce dont tu as besoin malgré tes efforts. C'est parce que tu essayes de changer les choses en appliquant toujours la même façon de faire. Tu as besoin de modifier tes actions et ton avancée pour obtenir ce que tu souhaites. Détache d'anciens schémas de fonctionnement et de pensées pour les remplacer par d'autres. Cela va te permettre de créer une nouvelle abondance et de satisfaire tes besoins et tes attentes. C'est le changement qui t'aide à te détacher de cette énergie de manque. Mets en place de grands changements.

ANCÊTRE FEMME :

J'ai vécu l'adultère. Dans ma famille, c'était quelque chose de très commun. Nous les femmes, nous ne devions rien dire. L'adultère n'était permis que pour les hommes. Nous, nous n'avions pas le droit. Nous ne pouvions que subir en silence. On m'a toujours dit : « Les hommes ont des besoins, tu sais. » Et j'ai intégré cette phrase, reniant ainsi mes propres désirs et surtout mes propres limites.

Cela a créé une grande méfiance et une grande jalousie dont tu as pu hériter. Je n'avais pas confiance en les hommes. Je n'avais pas confiance en leurs actions et en leurs intentions. Je détestais cette position, mais je ne pouvais rien faire. Je ne pouvais pas me rebeller. Je n'en avais pas le droit. J'étais une femme et je devais subir ce que les hommes voulaient. Heureusement, je vois que tout cela est en train de changer et j'en suis ravie. Je n'ai pas exprimé ce que je voulais vraiment. Je n'ai même pas exploré mes plus grands désirs intimes. Désolée de te dire cela. Je ne veux pas te mettre mal à l'aise. L'adultère est une énergie trop ancrée dans notre famille. Nous avons besoin, nous les femmes de la lignée, d'en être détachées. Nous avons besoin que les règles soient définies d'une nouvelle façon concernant les désirs et les attentes de chacune et de chacun. Il y a un grand besoin d'équilibre et de parité.

ANCÊTRE HOMME :

Avec le recul, je me rends compte que depuis des générations et des générations, les hommes ont beaucoup plus de liberté concernant leur vie intime que les femmes. Et maintenant je sais que c'est injuste. Je n'en avais pas conscience à l'époque. Je n'ai pas trompé. En tout cas, je n'ai pas eu l'impression de le faire. Mais j'avais cette sensation que je pouvais faire ce que je voulais sans qu'il y ait de grandes conséquences. Ce n'est pas juste. Je pouvais imposer plutôt que demander. Je pouvais agir sans forcément me justifier. Ce n'est toujours pas juste. La tromperie est quelque chose que je ne trouvais pas immoral. C'était une opportunité pour profiter de l'instant présent ou pour se rassurer. Quel goujat. Les hommes de ma lignée ont pratiqué l'adultère et cela a ensuite engendré de grands secrets. J'étais au courant et je pensais que cela était normal. Au-delà des convenances, je me rends compte seulement maintenant que cela rompait un contrat moral entre deux personnes et cela n'est pas juste. Je ne suis pas très fier. La tromperie et l'adultère peuvent avoir de graves conséquences pour la personne qui les subit. Ce n'est pas quelque chose d'anodin. Ce n'est pas quelque chose qu'on mérite ou qu'on laisse passer en serrant les dents ou en faisant bonne figure en souriant aux autres. Ne laisse pas cette tromperie ou cet adultère brutaliser ton estime de toi. Les hommes de notre lignée ont fait souffrir trop de femmes et ont brisé beaucoup d'amour de soi. Il est temps que cela s'arrête.

CONSEIL TRANSGÉNÉRATIONNEL :

Nous sommes l'énergie de la famille. L'adultère et la tromperie sont présents dans notre lignée depuis plusieurs générations. Ce sont surtout les hommes qui ont créé cette énergie. Il n'y a pas de rancœur ou de colère. Cependant, cela a créé un schéma relationnel où les limites de l'autre sont toujours dépassées. Dans notre lignée, l'équilibre relationnel n'est pas écrit. Il y a toujours une personne qui accepte tout et qui pleure en silence et une autre qui ne pense qu'à assouvir ses besoins personnels au détriment de la première. Tu peux travailler sur cette énergie. Pour ce faire, engage-toi dans un vrai contrat moral. C'est-à-dire écoute et exprime tes besoins et tes limites relationnelles. Et engage-toi à les respecter. Ne sois plus dans ce sourire de façade par peur de perdre l'autre. Rappelle-toi que la seule personne que tu peux craindre de perdre, c'est toi. Personne ne mérite que tu franchisses tes limites quitte à en souffrir terriblement. Cela va apporter une nouvelle énergie à notre lignée. Cela va nous aider à retrouver cet équilibre relationnel et t'aider à créer de vrais partages sains avec les autres.

PRÉNOMS IMPORTANTS DE LA LIGNÉE :

Ce sont des prénoms qui ont joué un rôle très important dans notre lignée familiale. Tu peux appeler ces prénoms quand tu en ressens le besoin pour te donner du courage, pour avoir des conseils ou pour te protéger. Christophe, Christian, Corinne, Clovis, Charles, Constance, Claire, Célestine, Capucine, Clément.

DATES IMPORTANTES DE LA LIGNÉE :

Ce sont des dates qui ont marqué et qui marquent encore notre lignée. Utilise ces dates pour mettre en place des choses très importantes pour toi. Le mois de janvier, le mois d'août, le mois d'octobre. Le 25 de chaque mois. Le 12 février, le 19 avril, le 14 juillet, le 26 novembre.

MESSAGE DIVINATOIRE DE LA LIGNÉE :

Tu es marqué·e par des relations où il y a eu beaucoup de mensonges, de tromperie et d'adultère. Cela a créé une grande méfiance et t'a donné l'impression que tu ne peux pas créer de relations stables. Prends le temps de retrouver une vraie estime de toi-même.

Cela va t'aider à sortir de ce schéma relationnel. Si tu n'as pas encore rencontré cette personne, tu vas vers une très belle relation personnelle et sentimentale. C'est une personne avec qui tu vas pouvoir créer de beaux projets et en qui tu vas pouvoir avoir confiance. Cette personne est déjà là ou elle arrivera dans les trois mois. Ne sois pas sur tes gardes et ne cherche pas à la tester. C'est une personne avec qui tu vas créer un grand bonheur.

ANCÊTRE FEMME :

J'ai été victime de violence. Elle prenait différentes formes. Cette violence m'a fait terriblement souffrir. Je ne sais plus pourquoi maintenant, car les souvenirs terrestres s'effacent, mais il y a deux dates auxquelles je pense toujours. Ce sont les années 1974 et 1982. Ces deux dates sont liées à une grande souffrance et à une grande violence dans notre famille. Je ne pouvais pas me soustraire à cette violence. Je ne sais pas si j'ai été violente moi-même. Si tel est le cas, je présente mes sincères excuses. Cette violence est très ancrée au sein de notre lignée. Elle remonte à plusieurs dizaines de générations. Nos ancêtres avaient des terres. Beaucoup de terres. Et celles-ci étaient très convoitées. Ils devaient alors se battre pour les protéger. Et nos aïeux ont pris cette habitude de se battre et d'être brutaux pour protéger ce qui est important pour eux. C'est paradoxal, n'est-ce pas ? Plus ils aimaient quelque chose, et plus ils étaient violents. Cette violence m'a toujours terrorisée. Elle m'a meurtrie dans ma chair. Je ne supporte plus cette violence et je sais que toi non plus. Je te vois détourner le regard et avoir la nausée quand tu es face à tant de cruauté. Tu es une très belle personne et tu n'es pas conseillé·e par cette violence. Cela me donne beaucoup d'espoir pour que l'énergie de notre lignée puisse changer. Je n'en peux vraiment plus de cette violence. Il est temps que les choses changent.

ANCÊTRE HOMME :

J'ai été un homme violent. Après mon décès, j'ai pu voir mon existence d'une nouvelle façon et je me suis rendu compte que la violence pouvait prendre différentes formes et différents visages, et c'est là que j'ai compris que j'avais été un homme violent. J'ai aussi subi des violences et sans m'en rendre, j'ai répété ce que j'avais vécu enfant. La violence était considérée comme une demande de respect. C'était normalisé au sein des hommes de ma lignée. Je ne suis vraiment pas fier. Pourtant, je pouvais être doux. Je l'étais beaucoup avec mes animaux et surtout mon chien. Je l'ai retrouvé de l'autre côté. J'arrivais avec lui à ne plus subir cette mémoire familiale et à me laisser emporter par elle. La violence n'est pas une preuve de notre virilité. C'est une grande marque de faiblesse. C'est de l'abus de pouvoir et d'autorité. Non, je ne suis vraiment pas fier de ce que j'ai pu faire et je présente mes sincères excuses. On peut protéger ce que l'on aime sans être violent. On peut s'exprimer sans violence. On peut parler de ses besoins et ses limites sans agressivité. Je ne le comprends que maintenant. Je sais que tu peux ressentir cette violence en toi et qu'elle te fait peur. Tu crains tes propres réactions et tu peux être dans une grande vigilance. Je vais tout de suite te rassurer. Tu n'es pas comme moi. Tu n'es pas comme nous. Tu arrives à laisser la douceur te conseiller et je t'invite à continuer dans cette voie. C'est très beau à regarder.

CONSEIL TRANSGÉNÉRATIONNEL :

Nous sommes l'énergie de la famille. La violence est présente en nous depuis des centaines d'années. C'est une énergie dont hérite chaque descendant. Chaque membre de la famille l'utilise en fonction de son libre arbitre, mais cette violence crée des tensions intérieures pour tout le monde. Tu peux travailler sur cette énergie. Tu peux apporter une nouvelle douceur au karma familial. Pour ce faire, ne fuis pas cette violence en toi. Elle va devenir ton bourreau. Extériorise-la sans créer de dommages pour les autres. Tu peux crier en forêt, courir, faire du sport. Ne la laisse pas te pourchasser. Enfin, fais preuve de douceur envers toi. Redécouvre la tendresse que tu vas partager ensuite avec les autres. Cela va nous aider, nous, l'énergie de la famille, et cela va te permettre de créer un nouvel apaisement. Cela va faire du bien à tout le monde.

PRÉNOMS IMPORTANTS DE LA LIGNÉE :

Ce sont des prénoms qui ont joué un rôle très important dans notre lignée familiale. Tu peux appeler ces prénoms quand tu en ressens le besoin

pour te donner du courage, pour avoir des conseils ou pour te protéger. Élyse, Éléonore, Eliot, Ethan, Esteban, Eugene, Egor, Éric, Edgard, Eliass, Ermando, Emeric.

DATES IMPORTANTES DE LA LIGNÉE :

Ce sont des dates qui ont marqué et qui marquent encore notre lignée. Utilise ces dates pour mettre en place des choses très importantes pour toi. Les mois de janvier et d'avril. Le 29 de chaque mois. Le 15 janvier, le 15 mai, le 3 août, le 12 septembre, le 16 novembre et le 15 janvier.

MESSAGE DIVINATOIRE DE LA LIGNÉE :

Actuellement, tu cherches à faire passer quelque chose par la force. Tu ne veux pas voir les signes qui te montrent que ce que tu attends n'est pas possible en l'état. Mais tu cherches à tout contrôler et à avoir ce que tu désires. Mais ce que tu désires n'est pas positif pour toi. Et tu ne souhaites pas l'accepter. On t'invite à faire une pause pour prendre conscience de tous les signaux d'alerte autour de toi. Cela va te permettre de reprendre ton souffle, car tu as actuellement épuisé toutes tes ressources. Cela va t'aider à prendre conscience de ce qui est bénéfique pour toi et à mettre en place de nouveaux projets et de nouvelles actions. Cela va t'aider à ouvrir un nouveau chapitre de vie où tout va être plus calme et plus paisible.

ANCÊTRE FEMME :

Il y a de nombreuses femmes chamanes dans notre famille. J'ignore si tu le savais, mais notre famille a un lien très fort avec la magie de la nature. Beaucoup de nos ancêtres travaillaient avec les plantes, avec les cristaux et avec les animaux. Nous avons de grandes capacités à communiquer avec les animaux. Nous avons besoin d'être dans des endroits silencieux et naturels. Nous n'avons jamais été à l'aise trop entourés ou dans les villes. Nous sommes une lignée de chamans. Je ne sais pas si tu ressens cette énergie, mais sache que ton hypersensibilité n'est pas une faiblesse, bien au contraire. C'est l'énergie de ton cœur, c'est ta connexion intense avec les autres, ce sont tes perceptions qui sont décuplées. Tu ressens tout beaucoup plus fort que les autres. Ce n'est pas une malédiction. C'est parce que tu as un lien profond avec la vie. C'est notre karma familial. Tu peux continuer à faire rayonner cette lumière si tu le souhaites. Pour ce faire, découvre tes capacités chamaniques. Cela va te permettre de créer une nouvelle relation avec toi-même et de ressentir notre présence. Nous sommes toujours près de toi.

ANCÊTRE HOMME :

Je n'ai jamais aimé être en contact avec du monde. Il y avait des chasseurs dans ma famille, mais je n'ai jamais été à l'aise pour tuer des animaux innocents. Cependant, j'ai toujours aimé marcher en pleine nature. Quand j'étais petit, je m'imaginais vivre de grandes quêtes à la recherche de trésors cachés dans la forêt. J'adorais sentir les odeurs de la nature. Cela me permettait de soulager mon anxiété car, même si je ne le montrais pas, les autres me rendaient très anxieux. Je n'ai jamais forcément compris les codes sociaux. Je ne savais quand parler, quand me taire, comment me placer face aux autres. C'étaient toujours des moments très pénibles. Quand j'étais dans la nature, j'étais vraiment moi. Je pouvais me comporter comme je le voulais et j'adorais cela. Tu as cette même connexion avec la nature et tu peux aussi avoir les mêmes difficultés relationnelles. C'est malheureusement un karma qui se transmet de génération en génération. Prends le temps de te recharger en pleine nature. Cela va t'aider à t'adapter ensuite plus facilement au monde extérieur et aux autres.

CONSEIL TRANSGÉNÉRATIONNEL :

Nous sommes l'énergie de la famille. Notre famille a toujours eu une grande sensibilité. C'est un karma positif même si tu peux avoir l'impression du contraire. Nous sommes des personnes qui ne mettent pas de barrières vis-à-vis des autres. Nous avons des capteurs très ouverts face au monde. On peut parfois rencontrer des difficultés à filtrer les choses, mais nous vivons aussi beaucoup plus intensément nos expériences de vie. Tu peux travailler sur ce karma familial si tu le souhaites. Tu peux en faire une force. Nous n'avons pas besoin d'être libérés.

Nous allons très bien. Prends le temps de créer une nouvelle relation avec ton hypersensibilité. Fais de celle-ci une vraie force pour créer une nouvelle relation avec tes émotions et pour les partager avec les autres. Accorde-toi du temps de qualité rien qu'avec toi-même dans des endroits calmes. Cela va t'aider à créer une nouvelle relation avec la belle personne que tu es.

PRÉNOMS IMPORTANTS DE LA LIGNÉE :

Ce sont des prénoms qui ont joué un rôle très important dans notre lignée familiale. Tu peux appeler ces prénoms quand tu en ressens le besoin pour te donner du courage, pour avoir des conseils ou pour te protéger. Valentin, Victoria, Venise, Vincente, Violette, Vivien, Virgil, Violène.

DATES IMPORTANTES DE LA LIGNÉE :

Ce sont des dates qui ont marqué et qui marquent encore notre lignée. Utilise ces dates pour mettre en place des choses très importantes pour toi. Les mois de mai et de juillet. Le 4 de chaque mois. Le 22 janvier, le 23 février, le 12 juin, le 17 novembre et le 15 décembre.

MESSAGE DIVINATOIRE DE LA LIGNÉE :

Actuellement, tu as besoin de faire une pause et d'aller marcher en pleine nature. Tu as été très sollicité·e ces derniers mois et tu as eu peu de temps de répit. Tu n'as plus de ressources et tu as besoin de te recentrer. Prends au minimum une journée pour te reposer et pour t'éloigner de ton quotidien. Cela va t'aider à prendre du recul et à regarder ton quotidien d'une nouvelle façon. Cela va t'aider à reconsidérer des ruptures que tu souhaitais mettre en place. Tu vas comprendre que tu peux modifier les choses plutôt que de les arrêter et cela va t'inspirer de nouvelles actions à mettre en place. Tu as besoin de faire un break. Cela va être riche de grandes révélations intérieures.

ANCÊTRE FEMME :

J'ai toujours aimé les animaux. Je prenais toujours soin des animaux errants et je faisais tout pour qu'ils puissent se sentir aimés et choyés. Quand j'étais plus jeune, j'étais très entourée d'animaux et cela me faisait beaucoup de bien de m'occuper d'eux. Tu sais ce que j'aimais chez eux ? Leur regard. Tout passait par le regard. Et surtout je savais qu'ils me comprenaient. Mon regard a toujours été très intense, mais très souvent incompris. J'ai toujours eu en moi une grande tristesse que je n'ai pas réussi à exprimer. Mais elle se lisait dans mon regard. J'étais connue pour être la femme aux grands yeux tristes. Parfois, on me disait que j'avais de jolis yeux, mais ce sont les personnes polies qui faisaient cette remarque. Je sais que mon regard pouvait déstabiliser. Les animaux voyaient ma tristesse et m'aidaient à la gérer. Ils ne me jugeaient pas et surtout je n'avais pas besoin de parler. Cela me soulageait beaucoup. Les membres de notre famille ont toujours un lien très fort avec leurs animaux. Beaucoup de nos ancêtres se sont occupés de chevaux. Nous avons aussi des ancêtres sorcières qui avaient un lien très fort avec leur chat. Les animaux nous comprennent naturellement et nous sécurisent. C'est un karma familial positif, car nous savons prendre soin d'eux. Nous comprenons tout de suite ce dont ils ont besoin et tu as cette même capacité en toi.

ANCÊTRE HOMME :

J'ai toujours aimé travailler la terre. Beaucoup de mes ancêtres étaient agriculteurs et ils ont beaucoup travaillé dans les champs. Ils élevaient du bétail, mais cultivaient aussi des céréales. J'ai toujours aimé regarder le soleil dans les champs. Cela est tellement apaisant et surtout cela crée une énergie motivante. Je n'étais pas une personne qui pouvait rester derrière un bureau toute la journée enfermée entre quatre murs. C'était la définition de l'enfer pour moi. J'ai toujours eu besoin de grands espaces et surtout d'être en contact avec les animaux. C'est auprès d'eux que je me sentais le plus utile. D'ailleurs, nous avons des ancêtres soignants. On ne disait pas qu'ils étaient vétérinaires, mais on les appelait quand les animaux étaient malades et ils avaient toujours une solution pour les soigner. J'aimais construire des abris pour les protéger de la météo et créer des outils pour qu'ils soient le plus confortables possible. La terre et les animaux me manquent parfois. C'était une très belle énergie d'ancrage et je me sentais vraiment bien. Tu as ce même besoin d'ancrage et tu as besoin d'être en contact avec les animaux. Écoute ces attentes. C'est un karma familial qui va t'aider à trouver ta place et à t'ancrer.

CONSEIL TRANSGÉNÉRATIONNEL :

Nous sommes l'énergie de la famille. Notre lignée a toujours eu de grandes capacités à communiquer avec, mais aussi à soigner, les animaux. Nous avons un lien privilégié avec eux et cela dure depuis des générations. Notre lignée a une mission : les protéger. Et si tu le souhaites, tu as cette même mission. Tous les animaux viennent vers toi et cela peut parfois te questionner. C'est parce qu'ils sont attirés par ton énergie et par tes capacités à les aimer et à les comprendre. Notre karma n'est pas négatif. C'est un engagement que nous avons pris auprès de ces âmes pour les aider dans leur incarnation. Nous sommes avec eux et nous sommes aussi avec toi. Tu sais naturellement comment prendre soin d'un animal. D'ailleurs, tu ne parles pas d'animal. Tu parles toujours d'un familier et nous sommes vraiment d'accord avec toi.

PRÉNOMS IMPORTANTS DE LA LIGNÉE :

Ce sont des prénoms qui ont joué un rôle très important dans notre lignée familiale. Tu peux appeler ces prénoms quand tu en ressens le besoin pour te donner du courage, pour avoir des conseils ou pour te protéger. Prune, Pierrick, Prosper, Phil, Peterson, Polydore, Papa.

DATES IMPORTANTES DE LA LIGNÉE:

Ce sont des dates qui ont marqué et qui marquent encore notre lignée. Utilise ces dates pour mettre en place des choses très importantes pour toi. Le mois de juillet et le mois d'août. Le 28 de chaque mois. Le 2 juin, le 14 septembre, le 16 octobre, le 24 novembre et le 30 décembre.

MESSAGE DIVINATOIRE DE LA LIGNÉE:

Un animal cherche actuellement à te transmettre un message important. Il le fait en t'envoyant toujours la même image. C'est une image que tu peux voir sur différents supports, mais elle est présente dans ton quotidien depuis une semaine. Cette image est là pour t'aider à prendre conscience que tu n'es pas dans le brouillard. Actuellement, tu peux tout voir de façon négative et tu n'arrives pas à retrouver un vrai optimisme. Cet animal est ton animal de pouvoir et il est là pour que tu puisses prendre conscience qu'il y a beaucoup plus de choses positives que tu ne le penses dans ton quotidien. Cela va t'aider à retrouver une vraie gratitude et cela va te conforter dans tes prises de décisions récentes. Cela va t'aider à avancer avec confiance et sérénité.

ANCÊTRE FEMME :

Le mariage a toujours été quelque chose de très important dans notre famille. Cela est présent depuis des générations et des générations. Les femmes de notre famille doivent se marier jeunes et se montrer épanouies dans leur mariage. Elles doivent abandonner toute distraction et se vouer totalement à leur couple, à leur famille et à leur foyer. J'ai toujours vu le mariage comme un grand symbole de réussite.

Toutes les femmes de notre famille se sont mariées jeunes. Dès nos 15 ans, tout le monde nous parlait de notre futur mariage. D'ailleurs, les femmes de notre lignée ont un lien très fort avec le chiffre 15, mais aussi avec notre quinzième année de vie. Chaque femme a vécu un événement particulier à cette époque. C'est un karma familial. Je sais que les mœurs de la société ont changé et qu'aujourd'hui, le mariage n'est plus important comme cela était le cas pour nous. Et surtout, je me rends compte que cette énergie familiale devient un blocage aujourd'hui. Je vois nos descendants chercher à tout prix une relation sur le long terme sans forcément écouter leurs besoins et leurs limites. Ce qui compte, c'est que la relation soit engageante, même si elle n'est pas épanouissante. Et j'en suis désolée. Car cela peut créer des blocages relationnels et surtout maintenir des relations négatives. Alors je pense que le moment est venu de se défaire de cette volonté de se marier. Cela n'est plus positif pour notre famille.

ANCÊTRE HOMME :

Je me suis sacrifié pour ma famille et je ne regrette rien. Qu'est-ce que j'ai aimé ma famille ! Les membres de notre famille ont toujours aimé profondément leurs proches. J'aimais tellement entendre ces histoires où l'un de mes ancêtres avait fui la guerre pour rejoindre sa bien-aimée, où un autre avait construit de ses mains leur maison, où un autre était allé la retrouver à des centaines de kilomètres de chez lui, où un autre avait défié sa famille pour vivre pleinement sa relation amoureuse. J'aimais ces histoires, car j'aimais profondément mes proches. Je me suis oublié pour eux, mais je m'en moque totalement. Leur bonheur était ma priorité et si c'était à refaire, je ferais tout pareil. Notre famille a créé de profonds liens de cœur. Et ces liens perdurent au-delà de notre mort. Notre karma familial est une bulle d'amour et de protection. On se soutient et on s'aime mutuellement. On est là les uns pour les autres. Et on est là pour toi. On t'aime et on te protège. Tu peux nous demander des signes. Nous allons te les envoyer pour que tu puisses ressentir cette bulle d'amour qui est en toi, mais aussi qui protège ton foyer. Nous sommes là.

CONSEIL TRANSGÉNÉRATIONNEL :

Nous sommes l'énergie de la lignée. Les liens de cœur ont toujours été très importants pour la famille. Nous sommes une équipe soudée et cela est une énergie positive. Notre karma familial n'a pas besoin d'être nettoyé. C'est une vraie force d'amour. Et nous sommes là pour toi. Tu peux ressentir facilement notre énergie d'amour. Pour cela, installe-toi dans un endroit calme et pense à nous. Pense à ta famille. Tu vas ressentir une grande chaleur et tu vas recevoir de nombreux signes. Nous sommes là et nous n'avons pas l'intention de partir. Tu peux aussi nourrir ce karma familial. Pour ce faire, ose créer des liens forts avec les autres et autorise-toi aussi à arrêter les relations quand elles ne sont plus épanouissantes. Tu as le droit. Ce qui compte dans une relation, c'est l'instant présent. Ce n'est pas la durée de la relation qui crée sa réussite. C'est ce qui est vécu et ressenti sur l'instant. N'oublie pas ça.

PRÉNOMS IMPORTANTS DE LA LIGNÉE :

Ce sont des prénoms qui ont joué un rôle très important dans notre lignée familiale. Tu peux appeler ces prénoms quand tu en ressens le besoin pour te donner du courage, pour avoir des conseils ou pour te protéger. Teddy, Tata, Taric, Tytouan, Thomas, Thibault, Tommy, Teophile.

DATES IMPORTANTES DE LA LIGNÉE :

Ce sont des dates qui ont marqué et qui marquent encore notre lignée. Utilise ces dates pour mettre en place des choses très importantes pour toi. Le mois d'avril et le mois d'août. Le 23 de chaque mois. Le 12 avril, le 28 mai, le 12 septembre, le 30 novembre et le 31 décembre.

MESSAGE DIVINATOIRE DE LA LIGNÉE :

Tu entres dans une énergie de concrétisation personnelle. D'ici trois mois, tu vas créer un très beau projet personnel. C'est un projet qui va avoir des bases stables et durables, et qui sera un vrai pilier de vie. Cela va t'aider à te sentir en sécurité et à exprimer ce que tu ressens. Ce n'est pas un projet que tu mets en place seul·e. Tu le concrétises avec une personne de cœur qui va te tenir la main pendant de très longues années. Vous allez être un vrai binôme et chacun·e va donner à l'autre la force de tout surmonter. C'est une relation très saine qui va aider les deux personnes à évoluer de façon très positive. Ce projet va être magnifique et il va te porter vers beaucoup de nouveautés.

ANCÊTRE FEMME :

Je sais que je n'étais pas la personne la plus sympathique de la Terre. Je n'étais pas celle qui disait le plus de compliments non plus. J'aimais critiquer et j'aimais juger. J'adorais raconter des histoires sur les autres qui ne les mettaient pas forcément en avant. On peut dire que j'étais une langue de vipère. Je n'étais pas méchante et surtout je ne voulais aucun mal aux autres. Mais je ne m'aimais pas et je n'arrivais pas à me le dire. Alors pour me fuir, je jugeais les autres. Je n'étais pas la seule femme de ma famille à avoir cette stratégie. Beaucoup de membres de ma famille avaient le même mécanisme relationnel. Je ne dis pas cela pour me dédouaner. Mais j'ai épongé cette façon de faire. J'ai par moments été victime de ces paroles malheureuses dites par des proches. Et je me défendais en critiquant encore plus les autres. Ce n'était vraiment pas une énergie positive. Je ne me rendais pas compte du mal que je faisais. Le jugement des autres est un karma familial. On ne se rend pas compte, mais parfois nous pouvons avoir des paroles très cruelles envers les autres. Je pense que le moment est venu de se défaire de ce mécanisme pour enfin avoir le courage de regarder ce que nous fuyons en nous depuis si longtemps.

ANCÊTRE HOMME :

J'étais un homme très susceptible. Il fallait faire très attention aux mots qu'on employait quand on me parlait. Moi, je ne faisais pas du tout attention à la sensibilité de la personne qui était devant moi et je pouvais être très dur. Je disais toujours que j'étais quelqu'un de franc. Mais ce n'est pas vrai. J'avais vraiment un comportement méchant. Je demandais que l'on me parle convenablement et je ne prenais pas la peine de faire la même chose. Avec le recul, je me rends compte que c'était totalement injuste. Je réalise aussi que j'avais très peur du regard des autres. Que j'avais très peur de ce qu'ils pouvaient percevoir de moi. Alors j'attaquais le premier, car je ne savais pas du tout gérer la critique. Mon père était comme moi, mes ancêtres aussi. On aboyait pour ne pas être mordus. On donnait l'image d'hommes fiers et virils alors qu'on était terrorisé par les autres. On jugeait les autres, car cela nous donnait l'impression de les contrôler, donc de nous sentir en sécurité. Ce n'était pas une façon positive de partager avec les autres. Il est temps que ce schéma s'arrête. Il est temps que nous puissions communiquer d'une nouvelle façon avec les autres.

CONSEIL TRANSGÉNÉRATIONNEL :

Nous sommes l'énergie de la famille. Nous avons un karma familial où nous ne laissons pas la place aux autres. On ne leur laisse pas la possibilité d'être honnêtes avec nous. On les catégorise, car on a peur qu'ils nous montrent des facettes de notre personnalité que nous ne souhaitons pas voir. Cela est très brutalisant pour les autres et notre famille a besoin d'une nouvelle énergie. Tu peux travailler sur ce karma familial. Pour ce faire, écoute les critiques constructives. Laisse les autres être honnêtes avec toi et écoute le cœur grand ouvert. Défais-toi aussi le plus possible de tes préjugés pour accueillir les autres tels qu'ils sont et modifie tes habitudes de poser des étiquettes sur les gens. Cela va t'aider à créer de nouveaux schémas relationnels et apporter une nouvelle énergie positive à la famille.

PRÉNOMS IMPORTANTS DE LA LIGNÉE :

Ce sont des prénoms qui ont joué un rôle très important dans notre lignée familiale. Tu peux appeler ces prénoms quand tu en ressens le besoin pour te donner du courage, pour avoir des conseils ou pour te protéger. Odelie, Olive, Omer, Opal, Orbin, Osman, Ourida, Otto.

DATES IMPORTANTES DE LA LIGNÉE :

Ce sont des dates qui ont marqué et qui marquent encore notre lignée. Utilise ces dates pour mettre en place des choses très importantes pour toi. Le mois de septembre et le mois de décembre. Le 20 de chaque mois. Le 2 février, le 15 mai, le 21 juin, le 14 octobre, le 18 décembre.

MESSAGE DIVINATOIRE DE LA LIGNÉE :

Tu as été très dur·e avec une personne. Tu cherches à te convaincre que c'est toi qui as raison, mais cela crée une grande dualité. Car ton âme sait que tu as été injuste. Cette personne a essayé de te montrer que tu dépassais ses limites, mais tu n'as pas voulu le reconnaître. Le moment est venu de présenter tes excuses et d'écouter d'une nouvelle façon ce que cette personne a à te dire. Cela va apporter une nouvelle énergie à cette relation et cela va t'aider à créer une nouvelle façon de communiquer avec les autres. Actuellement, tu peux avoir l'impression d'être toujours seul·e et cela te pèse. Plus tu vas communiquer différemment, plus tu vas créer de nouveaux partages avec les autres. Cela va t'aider à créer un cercle solide de personnes proches.

ANCÊTRE FEMME :

J'ai toujours été une femme solitaire. Je passais beaucoup de temps seule dans ma demeure. Je n'avais pas d'amies et je ne cherchais pas à en avoir. Je détestais les contacts à distance, alors je ne prenais pas forcément de nouvelles des autres. Cela ne veut pas dire que je ne pensais pas à eux, mais cela me demandait beaucoup d'efforts de faire le premier pas vers les autres. Donc j'étais seule.

Je n'étais pas malheureuse, bien au contraire. J'avais toujours quelque chose pour m'occuper. J'aimais ces moments de solitude et surtout je ne prenais pas le risque d'être déçue ou d'être trahie. Ce n'est que maintenant que j'ai compris pourquoi la solitude était une amie si fidèle. Les membres de notre lignée sont fortement marqués par la blessure de rejet. Beaucoup de nos ancêtres ont été rejetés. Cela n'était pas du tout justifié, mais ils étaient mis de côté et n'étaient absolument pas considérés. Alors, au fur et à mesure des générations, nous avons créé une grande carapace et nous nous sommes protégés des autres. Je n'ai jamais ressenti le manque des autres. Mais je pense que mes après-midi auraient pu être plus colorés si j'avais eu des personnes avec qui les partager. Je sais que tu as cette même blessure et je sais que tu aimes aussi être seul·e. Mais si je peux te donner un conseil, ose aller vers les autres. De très beaux moments sont à la clef.

ANCÊTRE HOMME :

J'ai perdu un ami très cher. Je le considérais comme un frère. Son décès a été brutal et j'avoue que je ne m'en suis jamais remis. Cela a été très compliqué d'encaisser et j'ai décidé de ne plus m'attacher. Je n'arrivais plus à être proche des autres et à créer des liens forts et profonds. J'étais terrorisé de perdre de nouveau des êtres que j'aimais profondément. Je me suis enfermé dans un vrai mutisme et je ne partageais plus avec les autres. C'était assez compliqué, car j'avais un métier qui faisait que je devais toujours être en contact avec beaucoup de personnes. Mais je ne créais pas de liens avec les autres. Mes conversations étaient soit centrées sur le travail, soit superficielles. Je te parle et je sens aussi encore ce vide dans mon cœur. C'est une expérience qui a été très pénible à vivre. Je sais que ce trou dans le cœur, tu le ressens aussi. Tu as cette peur panique de t'attacher aux autres, car tu as peur de les perdre. Tu préfères alors être un loup ou une louve solitaire et avancer sans t'attacher. Ce n'est pas la bonne solution, mais je ne vais pas te juger vu que j'ai fait exactement la même chose.

CONSEIL TRANSGÉNÉRATIONNEL :

Nous sommes l'énergie de la famille. Notre lignée a créé au fur et à mesure des générations une grande armure autour d'elle. Chaque membre de notre famille a des difficultés relationnelles. Soit nous sommes dans une totale dépendance avec une grande peur d'être abandonnés, soit nous refusons de créer des relations profondes et sérieuses.

Cela génère un grand manque relationnel. C'est le défi de notre lignée et tu peux nous aider à le réaliser. Pour ce faire, ose créer une nouvelle relation avec la blessure d'abandon et de rejet. Ose laisser les autres entrer dans ta vie et dans ton cœur tout en gardant des limites équilibrées. Ose exprimer ce que tu ressens, avoir du temps pour profiter avec les autres, répondre au téléphone, dire « oui » à des invitations. Cela va te permettre de nourrir d'une nouvelle façon tes relations et cela va apporter une nouvelle énergie à la famille. Cela va nous faire le plus grand bien.

PRÉNOMS IMPORTANTS DE LA LIGNÉE :

Ce sont des prénoms qui ont joué un rôle très important dans notre lignée familiale. Tu peux appeler ces prénoms quand tu en ressens le besoin pour te donner du courage, pour avoir des conseils ou pour te protéger. William, Wilfried, Walker, Wissem, Wolf, Willem, Wylan.

DATES IMPORTANTES DE LA LIGNÉE :

Ce sont des dates qui ont marqué et qui marquent encore notre lignée. Utilise ces dates pour mettre en place des choses très importantes pour toi.

Le mois de février et le mois de novembre. Le 13 de chaque mois. Le 2 janvier, 21 juillet, le 20 novembre, le 21 novembre, le 11 décembre.

MESSAGE DIVINATOIRE DE LA LIGNÉE:

Il y a une personne de ton passé qui va reprendre contact avec toi d'ici à trois mois. C'est une personne avec qui tu as eu une relation intense, mais dans laquelle tu n'arrivais pas à exprimer ce que tu ressentais. Cela a créé de grands conflits. Cette personne a besoin de te parler. Elle a besoin d'avoir des explications. Elle ne sera pas dans l'attaque, bien au contraire. Elle a besoin de comprendre beaucoup de choses. Prends le temps de communiquer avec cette personne. C'est une conversation qui va être riche d'enseignements et qui va t'aider à prendre conscience de ce que tu apportes à tes relations. Cela va t'aider à modifier une relation actuelle qui est très importante pour toi, mais dans laquelle tu n'arrives pas à prendre ta place. Cela va t'aider à te remettre en question de façon positive.

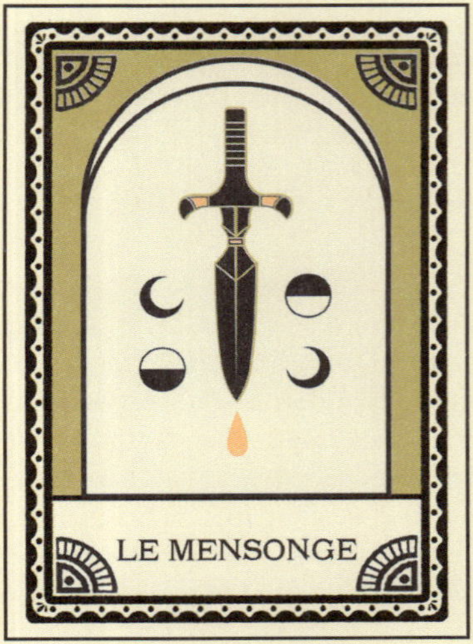

ANCÊTRE FEMME :

On m'a menti. Toute ma vie, on m'a menti. Mes parents m'ont caché des choses. Mes amis m'ont menti et mon mari aussi. Toute ma vie, j'ai été entourée de mensonges et j'en ai gardé un goût amer. Je n'ai rien dit à l'époque. J'avais l'impression que c'était moi qui faisais mal les choses, vu que les personnes me mentaient toujours. Alors j'ai menti à mon tour. Je disais que tout allait bien, que j'étais heureuse, que j'avais tout ce dont j'avais besoin, mais ce n'était pas vrai. J'ai l'impression que ma vie a été un grand mensonge. Je n'en veux pas à mes proches. Je ne leur en veux plus. J'ai compris qu'ils ne pouvaient pas faire autrement, mais le mensonge ronge. Cela m'a rongée de l'intérieur. Et cela a détruit la confiance que j'avais en moi. Et surtout, je me suis rendu compte que les femmes de notre lignée avaient ce karma de mensonges. Une forme de fatalisme. Personne ne peut être sincère envers nous. Alors, sans nous en rendre compte, nous allons vers des personnes qui passeront leur temps à nous mentir. Et on n'osera pas dire qu'on comprend que tout n'est qu'un leurre. Ose écouter cette petite voix qui te dit que quelque chose ne va pas, que ce que tu entends n'est pas vrai. Sois dans une énergie de sincérité. Il est temps que les femmes de notre famille soient dans une nouvelle énergie de sincérité.

ANCÊTRE HOMME :

J'ai eu beaucoup de secrets et j'ai eu beaucoup de difficultés à les dévoiler. Je pensais que si je montrais qui j'étais, alors les autres allaient s'en servir contre moi . Alors j'ai menti. Je ne me rendais pas compte que cela m'éloignait des autres et de moi. Je ne me suis pas rendu compte du mal que je faisais aux autres. J'ai très souvent dit l'exact opposé de ce que je voulais. J'avais l'impression que je n'avais pas le droit de dire la vérité. Je n'ai pas forcément dit ce que les autres voulaient entendre. J'ai juste dit ce qui me permettait de ne pas être moi-même. J'étais toujours concentré sur ma vérité à protéger et sur les mensonges que je disais pour ne pas me tromper et pour ne pas me faire prendre. Je ne suis pas très fier de ce que j'ai fait. Mais j'étais enfermé dans une boucle sans fin et le retour en arrière n'était pas possible. Alors le mensonge est devenu ma seconde nature. Je suis parti et personne ne savait qui j'étais, personne ne savait ce qui me faisait vibrer, personne ne savait ce que je ressentais. C'est triste, je trouve. Mais je l'ai fait alors maintenant j'assume. Ne fais pas comme moi. Ne t'enferme pas dans le mensonge. C'est une toile d'araignée qui va t'étouffer et te tuer. Le mensonge m'a vraiment assassiné.

CONSEIL TRANSGÉNÉRATIONNEL :

Nous sommes l'énergie de la lignée. Le mensonge a fait beaucoup de dégâts dans notre famille. Que ce soit parmi ses membres, ou auprès des autres personnes. Cela a abîmé beaucoup de nos relations avec l'extérieur. Le mensonge est devenu une habitude de vie et de fonctionnement. Nous ne sommes pas de mauvaises personnes, mais nous nous protégeons par le mensonge. Une protection qui n'est pas nécessaire. Pour travailler sur notre énergie, élimine le mensonge de ta vie. Sois toujours dans une énergie véritable. Refuse qu'on te mente et engage-toi à toujours dire la vérité. Cela va nous apporter un nouveau bien-être. Cela va t'aider à te dévoiler et à être honnête avec toi-même et les autres. Nous avons un grand besoin de liberté et surtout de vérité. Sors de cette énergie mensongère. Tu es capable de le faire.

PRÉNOMS IMPORTANTS DE LA LIGNÉE :

Ce sont des prénoms qui ont joué un rôle très important dans notre lignée familiale. Tu peux appeler ces prénoms quand tu en ressens le besoin pour te donner du courage, pour avoir des conseils ou pour te protéger. Jacqueline, Jacques, Jean, Jeanne, Jeanine, Jean-Pierre, Jules, Juliette.

DATES IMPORTANTES DE LA LIGNÉE :

Ce sont des dates qui ont marqué et qui marquent encore notre lignée. Utilise ces dates pour mettre en place des choses très importantes pour toi. Le mois d'août, le 2 de chaque mois, le 8 janvier, le 9 mars, le 15 avril, le 12 juillet, le 23 novembre, le 1er décembre.

MESSAGE DIVINATOIRE DE LA LIGNÉE :

Actuellement, tu as pris un chemin qui n'est pas forcément positif pour toi. Tu t'en rends compte, car tu n'arrives pas à créer ton propre bonheur. Tu cherches à tout prix à te convaincre que tout va bien, mais ce n'est pas le chemin dont tu as véritablement besoin. Ose prendre du recul et te rendre compte que ce chemin n'est pas fait pour toi. Ose changer les choses pour retrouver un chemin qui va t'aider à t'épanouir et à créer une nouvelle indépendance. Cela va te demander beaucoup d'efforts, mais tu es capable de le faire. Ce chemin n'a pas été inutile, il est riche d'enseignements. Il t'a aidé·e à intégrer une nouvelle sagesse pour voler de tes propres ailes. Ose le changement, l'inconnu et le renouveau.

ANCÊTRE FEMME :

J'ai fait de nombreux sacrifices par amour. Et si c'était à refaire, je referais exactement la même chose. J'en ai même sacrifié ma santé. C'était mon choix. Je ne le regrette pas. Dans notre famille, nous avons une très grande ouverture de cœur. Nous sommes des êtres émotionnels. Nous n'avançons que par amour et nous oublions toute logique. C'est notre essence. Tu as cette même énergie d'amour et je sais qu'elle te fait souffrir, car tu as du mal à la comprendre et les autres ne comprennent pas non plus. Moi je sais. Tu es capable de sacrifier tellement par amour. Ton temps, tes priorités, tes objectifs. Mais rappelle-toi que cette ouverture n'est pas exclusivement réservée aux autres. Tu peux aussi l'utiliser pour toi, pour réaliser ce que tu penses être impossible. Tu as en toi un grand réservoir d'amour qui peut déplacer des montagnes. Tu es capable de choses extraordinaires. J'ai donné tort à ma destinée par amour. J'ai transgressé des règles par amour. J'ai mis ma propre mère très en colère par amour. Mais je ne regrette rien. Ces sacrifices étaient des sacrifices d'amour pur, sincère et inconditionnel. Continue de nourrir et de faire grandir cette flamme d'amour. Elle est magnifique et je suis fière qu'elle fasse partie de l'énergie de notre famille.

ANCÊTRE HOMME :

Quand j'avais 15 ans, j'ai commis mon premier acte sacrificiel d'amour. J'ai recommencé à mes 23 ans et à mes 35 ans. Parles-en aux membres de la famille. Ce sont des histoires qui se racontent encore aujourd'hui. Mon père me disait que l'amour rend faible. Je me suis vite rendu compte qu'il avait tort. J'ai adoré aimer. J'aimais ce feu intérieur que cela créait en moi. J'aimais sentir mon cœur s'accélérer et cette force intérieure envahir toutes les parties de mon être. Je suis un grand romantique. Peut-être maladroit, mais un passionné de l'amour. Et non, l'amour ne rend pas faible, bien au contraire. L'amour rend fort. J'ai changé de travail par amour. J'ai changé de ville aussi et j'ai même changé ma façon de penser. Je ne regrette rien. Quel cadeau ! Quelle vie j'ai vécue ! L'amour est une énergie très puissante. Tu peux l'utiliser sans réserve. Elle va t'aider à découvrir des facettes de ta personnalité que tu n'imagines même pas. Je suis parti avec la lettre A gravée en moi et je me manifeste souvent à toi au travers de ton poignet. Je sais que tu vas comprendre. Pour que tu comprennes aussi l'importance de cet amour, je vais te montrer la lettre A. Je sais que tu vas sourire, mais tu as besoin d'être convaincu·e, car tu ne crois plus en l'amour et pourtant c'est une énergie qui est gravée en toi. Je vais te le prouver, je vais te le montrer.

CONSEIL TRANSGÉNÉRATIONNEL :

Nous sommes l'énergie de la famille. L'ouverture du chakra du cœur est quelque chose d'inscrit dans notre lignée. Nous sommes très fiers de cela.

Cette ouverture du cœur nous permet d'être à l'écoute de nos passions, de nos aspirations et de nos vibrations intérieures. Cela nous aide aussi à créer des relations profondes avec les autres et à vivre pleinement l'instant présent. Tu peux faire perdurer cette énergie transgénérationnelle. Pour ce faire, aie confiance en ce qui est important pour toi. Laisse-toi guider par tes émotions. Exprime ce que tu ressens et ne te mets pas de barrière quand l'amour est là. L'amour est une énergie puissante qui fait partie intégrante de toi. Laisse l'amour avoir toujours le dernier mot et avance pas à pas grâce à lui. Cela va te permettre de vivre de formidables expériences.

PRÉNOMS IMPORTANTS DE LA LIGNÉE :

Ce sont des prénoms qui ont joué un rôle très important dans notre lignée familiale. Tu peux appeler ces prénoms quand tu en ressens le besoin pour te donner du courage, pour avoir des conseils ou pour te protéger. Danielle, Dominique, Dorian, Denis, Didier, David, Dimitri, Désirée.

DATES IMPORTANTES DE LA LIGNÉE :

Ce sont des dates qui ont marqué et qui marquent encore notre lignée. Utilise ces dates pour mettre en place des choses très importantes pour toi. Le mois de juillet et le mois d'août. Le 24 de chaque mois. Le 29 mars, le 12 juin, le 27 septembre, le 29 novembre, le 14 décembre.

MESSAGE DIVINATOIRE DE LA LIGNÉE :

Tu es dans une grande énergie d'amour. Une partie de toi a très peur, car tu n'arrives pas à lui faire confiance. Pourtant, cette énergie va te guider vers de très belles relations et de très beaux projets. C'est une énergie que tu vas partager avec de nombreuses personnes. Tu vas être invité·e à parler devant une assemblée et tu vas être une grande source d'inspiration pour beaucoup de monde. Laisse-toi guider par l'amour. Cela va être bénéfique pour toi, mais aussi pour les autres. Cela va t'aider à te sentir aligné·e et te permettre de suivre ton chemin de vie. Cela va être très positif.

ANCÊTRE FEMME :

J'ai toujours eu un grand sens de la famille et je me suis même sacrifiée pour elle. Ma mère s'est sacrifiée pour moi. Sa mère s'est sacrifiée pour elle et je me suis sacrifiée pour mes enfants. C'était normal pour moi. Je me suis totalement enfermée dans le rôle de mère. C'était quelque chose qui me paraissait comme une évidence. Je me suis totalement oubliée pour ma famille. Je ne regrette rien. J'ai apporté beaucoup d'amour et j'en ai reçu beaucoup. Je ne voyais pas du tout l'énergie sacrificielle dans mes actions et dans mon quotidien. Ma famille avant tout le reste. Ma famille avant moi. Ce n'est qu'après mon décès que je me suis rendu compte que ce sens de la famille était une prison pour moi. Ça n'enlève en rien l'amour que je portais et que je porte encore à tous les membres de ma famille. Mais je n'avais jamais de temps pour moi, pour mes amies, pour flâner, pour expérimenter de nouvelles choses. J'étais toujours à la disposition de mes proches. J'étais comme un robot et ce n'était pas juste pour moi. La famille, c'est quelque chose de très important. On a besoin d'un socle pour pouvoir se sentir en sécurité. Mais j'aurais dû m'inclure dans mes priorités. J'ai négligé des choses me concernant et cela a été très négatif par la suite pour moi. Je sais que tu as ce même sens de la famille. C'est quelque chose de très ancré en nous. Mais ne te délaisse pas. Ne t'efface pas. Avant d'apporter des choses aux autres, tu te les apportes d'abord à toi-même.

ANCÊTRE HOMME :

Au nom de la famille, j'ai refusé de nombreuses choses. J'ai refusé des opportunités de travail. J'ai refusé des sorties. J'ai même refusé des rencontres.

J'ai refusé d'écouter mon cœur. Mon père me disait toujours « trouve l'amour de ta vie et engage-toi envers elle jusqu'à ta mort ». J'ai rencontré l'amour de ma vie à mes 14 ans et je me suis dévoué à ma famille ensuite. J'avais l'impression que c'était très mal de moins l'aimer avec le temps ou de vouloir vivre d'autres expériences. Quand les enfants sont arrivés, j'ai enfoui ces désirs d'aventure au fond de moi et j'ai fait ce que je devais faire. J'étais le chef de famille et tout reposait sur moi. J'ai passé beaucoup de temps à rénover notre maison. Tu sais pourquoi ? Car c'était concret. Toute ma famille avait un toit sur la tête et pouvait se sentir en sécurité. Cela me permettait de ne pas écouter mes désirs profonds. Cette maison est très importante pour moi et aujourd'hui, elle a besoin d'être restaurée. Je ne sais pas si tu peux y faire quelque chose, mais quand je la regarde d'où je suis, je suis triste. Elle a besoin qu'on prenne davantage soin d'elle. Le sens de la famille est important, mais je pense aujourd'hui que la famille n'a pas qu'une seule définition et qu'on peut la modifier. Le but est d'être heureux, non ?

CONSEIL TRANSGÉNÉRATIONNEL :

Nous sommes l'énergie de la famille. Le sens de la famille est une énergie très forte pour nous. Nous ne sommes pas des âmes solitaires. Nous avons besoin de créer un socle solide sur lequel nous reposer. Les membres de notre lignée sont capables de grands sacrifices pour protéger la famille. Cependant, ce sens de la famille brutalise parfois les membres de la nôtre. Tu peux nous aider à créer une nouvelle énergie. Pour ce faire, ose créer la famille qui te permet de t'épanouir sans devoir faire des sacrifices tous les jours. Ose modifier les bases de la famille pour que chacun puisse affirmer ses besoins et ses limites. Ose quitter ce qui ne te convient plus et ose partir quand ce besoin est très intense. Cela va t'aider à créer un nouvel équilibre pour toi, mais pour nous aussi.

PRÉNOMS IMPORTANTS DE LA LIGNÉE :

Ce sont des prénoms qui ont joué un rôle très important dans notre lignée familiale. Tu peux appeler ces prénoms quand tu en ressens le besoin pour te donner du courage, pour avoir des conseils ou pour te protéger. Vincent, Victorine, Véronique, Victor, Viviane, Valérie, Victoire, Virginie, Valentin.

DATES IMPORTANTES DE LA LIGNÉE :

Ce sont des dates qui ont marqué et qui marquent encore notre lignée. Utilise ces dates pour mettre en place des choses très importantes pour toi. Le mois de février, le mois de mars, le mois de septembre. Le 18 de chaque mois. Le 30 septembre, le 30 novembre et le 30 décembre.

MESSAGE DIVINATOIRE DE LA LIGNÉE :

Actuellement, tu es dans une énergie sacrificielle et cela t'empêche de mettre en place de grands changements dans ta vie personnelle. Tu as l'impression que tu vas trahir les autres ou que tu vas leur faire du mal. Il n'en est rien. Tu as besoin de modifier en profondeur les bases de tes relations pour créer un nouvel épanouissement. Les neuf prochains mois vont être riches de synchronicités pour que tu puisses créer un nouveau bonheur personnel. Ne les considère pas comme des événements imprévus. Ils vont t'aider à changer beaucoup de choses. Cela va te permettre de rencontrer de nouvelles personnes et de créer un nouveau socle familial. Cela va te permettre de créer un nouveau bien-être.

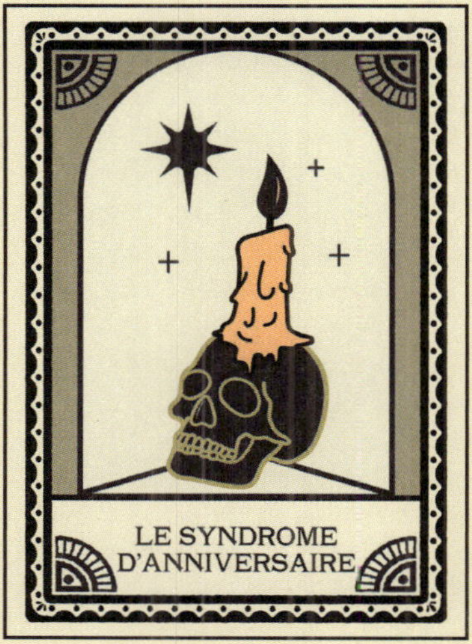

ANCÊTRE FEMME :

Je n'ai jamais fêté mon anniversaire. C'était une date que tout le monde oubliait de toute façon. Le jour où je suis née est aussi le jour où une personne importante de notre famille est décédée. Alors, les membres de ma famille ressentaient davantage la tristesse plutôt que la joie ce jour-là. Cela m'a donné l'impression de déranger et de ne pas être à ma place au sein de ma propre famille.

J'ai commencé à maudire ce jour. Je l'ai détesté. Quand arrivait mon anniversaire, je savais que j'allais déranger, car j'empêchais mes proches de vivre leur deuil. Je les forçais à autre chose que ce décès. Je les empêchais d'être tristes. En grandissant, j'ai refusé de fêter mon anniversaire. Je ne disais à personne quel jour j'étais née. Et j'ai créé ce syndrome d'anniversaire. C'est devenu une date où les pires expériences peuvent se produire. J'ai créé un jour sombre au sein de notre lignée. Un jour où la tristesse est puissante et omniprésente. Je te présente mes excuses. Je ne pensais pas que ma colère pouvait avoir une telle empreinte. Je ne pensais pas qu'aujourd'hui encore, cela impactait tous les descendants de notre lignée. Tu peux libérer ce syndrome d'anniversaire. Quand ce jour arrive, concentre-toi de toutes tes forces sur la joie. Pratique des activités qui t'aident à ressentir un grand bonheur et beaucoup de bien-être. Ris à gorge déployée et entoure-toi de personnes avec qui tu te sens bien. Cela va aider grandement notre karma familial et de tout mon cœur, sincèrement, je te demande pardon.

ANCÊTRE HOMME :

J'ai passé toute ma vie à lutter contre une malédiction. Une malédiction qui m'emportait dans des ténèbres malgré toute ma bonne volonté. Cette malédiction se matérialisait par une période de l'année où tout allait mal. Je ne pouvais rien faire. Qu'importent mes choix et ma façon d'avancer, je me retrouvais dans le noir. J'ai arrêté de lutter contre cette malédiction en laissant la mélancolie m'envahir pendant ces douloureux moments. À quoi bon ? J'étais totalement impuissant. Cette malédiction état présente depuis toujours. J'ai vu mes parents et mes grands-parents souffrir à cause d'elle. Nous avons tant perdu. Nous avons vécu tant d'accidents et tant de décès brutaux lors de cette sombre période. J'ai essayé la prière, mais cela ne fonctionnait pas. Cela me donnait l'impression d'être une mauvaise personne. Cette malédiction a été créée par une action d'un de nos ancêtres. Cela remonte au Moyen Âge. Il a sacrifié ce qu'il avait de plus cher pour exister aux yeux des autres. Quand il s'est rendu compte de la puissance négative de son choix, il s'est enfermé dans une profonde culpabilité qui s'est cristallisée en cette malédiction qui nous impacte tous aujourd'hui. Tu peux nous en libérer. Et pour ce faire, arrête de te sacrifier pour faire plaisir aux autres et pour être vu·e comme une belle personne. Arrête de sacrifier ce que tu as de plus cher pour être socialement acceptable. Cela nourrit cette malédiction et nous enferme dans des répétitions de schémas négatifs.

CONSEIL TRANSGÉNÉRATIONNEL :

Nous sommes l'énergie de la famille. Cette malédiction n'en est pas une. C'est une émotion négative qui s'est cristallisée depuis plusieurs générations. Cette tristesse est liée à cette période de l'année. Elle s'est inscrite comme une base de notre existence à nous tous. Tu peux la libérer. Tu peux créer une nouvelle énergie pour toute la lignée. Pour cela, tu as besoin de faire deux choses : la première, ose fermer des portes du passé. Notre famille a été très longtemps dans la mélancolie et dans la tristesse de ce qu'elle a perdu. Le moment est venu de faire le deuil de ce qui a été pour accueillir ce qui est. À ton rythme, ose faire ton deuil et ose accueillir le présent tel qu'il est. La deuxième chose, retrouve ton côté solaire. Retrouve ta lumière intérieure pour ensuite la propager dans ton monde extérieur. Cela va te faire le plus grand bien et aider le karma familial. Tu vas apporter une nouvelle énergie à la lignée transgénérationnelle. Tu n'es pas le ou la sauveur·se. C'est un poids trop lourd. Mais tu peux porter de la lumière sur ces ténèbres qui nous enferment depuis tant d'années.

PRÉNOMS IMPORTANTS DE LA LIGNÉE :

Ce sont des prénoms qui ont joué un rôle très important dans notre lignée familiale. Tu peux appeler ces prénoms quand tu en ressens le besoin pour te donner du courage, pour avoir des conseils ou pour te protéger. Thomas, Thérèse, Théodore, Thierry, Tata, Tatania.

DATES IMPORTANTES DE LA LIGNÉE :

Ce sont des dates qui ont marqué et qui marquent encore notre lignée. Utilise ces dates pour mettre en place des choses très importantes pour toi. Le mois de décembre, le 18 de chaque mois, le 5 mars, le 26 juin, le 24 septembre.

MESSAGE DIVINATOIRE DE LA LIGNÉE :

Le 5 du mois prochain, un événement important va se produire. Ne le crains pas, tout va très bien se passer. C'est un événement qui va t'inviter à changer beaucoup de choses, que ce soit dans ton quotidien, ou dans tes projets. Cet événement va t'aider à voir l'avenir d'une nouvelle façon. Il va t'aider à reconsidérer tes envies passées. Il va t'aider à mettre en place de grands changements positifs.

ANCÊTRE FEMME :

Les apparences ont toujours été très importantes dans la famille. Et je mettais un point d'honneur à ce qu'elles soient toujours préservées. Ce n'était pas mon souhait premier, mais une vraie habitude de vie dans la famille. Il fallait toujours que la réputation de la famille soit préservée. Et surtout, il fallait toujours faire bonne figure. Beaucoup de dates ont été marquantes pour la famille. Des années où les membres de notre lignée ont préféré conserver une bonne apparence plutôt que d'écouter leurs besoins profonds. Ces dates sont très lointaines. Tu peux effectuer des recherches si tu le souhaites. Voici ces dates : 1613, 1763, 1876, 1935 et 2001. Je m'apprêtais toujours avant de sortir, je ne dévoilais jamais mes pensées profondes, je souriais toujours face aux autres, j'étais une hôte parfaite, je parlais toujours poliment et je ne m'emportais jamais. Cela était naturel pour moi. Je n'en souffrais pas. Je jugeais les autres femmes quand je les entendais rire à gorge déployée, quand je les trouvais dévergondées, quand elles sortaient sans être maquillées. Cela était inconcevable pour moi. Je me rends compte que cela était une pression transgénérationnelle, ce besoin de toujours faire bonne figure, et que cela pouvait faire souffrir les membres de notre lignée, surtout les femmes. Alors, détache-toi de ce besoin de plaire aux autres, de devoir toujours être impeccable. Ce n'est qu'une façade, maintenant je sais qu'on ne peut pas plaire à tout le monde et que le but est d'être simplement soi-même. Je l'ignorais à l'époque.

ANCÊTRE HOMME :

Je n'ai jamais dit que je n'allais pas bien. Il était très compliqué à mon époque qu'un homme puisse aller voir un psychologue pour lui dire qu'il ne va pas bien. Alors, je serrais les dents et je ne parlais pas de mon mal-être. Pourtant, il était très puissant. Je pouvais avoir des pensées très sombres qui m'effrayaient. J'ai toujours eu cette sensation de ne pas me connaître et cela était frustrant. J'ai essayé d'en parler aux autres hommes de ma lignée, mais ils changeaient tout de suite de conversation. On ne parle pas de ces choses-là dans la famille. On est des hommes, des vrais. Quelle foutaise. Je me rends compte que ce culte de la virilité était très déstabilisant. Et que je n'étais pas le seul homme de la lignée à en souffrir, mais il ne fallait surtout pas en parler. Tu as cette mémoire toi aussi. Cette peur de parler de tes démons intérieurs, de tes pensées sombres et de ce qui te fait du mal. Je le sais, car je le vois. Alors, tu réponds toujours « ça va » même si ce n'est pas le cas. Tu as cette impression que personne n'est là pour t'écouter, pour te prendre au sérieux, et je sais que cela te fait souffrir. Ne fais pas comme moi. Demande de l'aide. Plus tu vas parler, plus tu vas recevoir des conseils et des outils, plus cela va te soulager. Ose demander de l'aide.

CONSEIL TRANSGÉNÉRATIONNEL :

Nous sommes l'énergie de la lignée. Les apparences sont une mémoire transgénérationnelle depuis très longtemps. Les membres de notre lignée ont pris l'habitude de créer un masque social et de ne rien dévoiler d'eux-mêmes. Tu peux porter ce même masque et te rendre compte que plus le temps passe, plus il est lourd à porter. Tu peux enlever ce masque et travailler sur l'énergie familiale. Pour ce faire, ose demander de l'aide à une personne professionnelle de la santé mentale. Nous savons que c'est quelque chose qui peut être compliqué pour toi, mais cela va t'apporter une grande aide. Cela va t'aider à te détacher du faux self que tu as pu créer et à te redécouvrir d'une nouvelle façon. Cela va aussi apporter une énergie positive à toute la famille.

PRÉNOMS IMPORTANTS DE LA LIGNÉE :

Ce sont des prénoms qui ont joué un rôle très important dans notre lignée familiale. Tu peux appeler ces prénoms quand tu en ressens le besoin pour te donner du courage, pour avoir des conseils ou pour te protéger. Uriel, Ursule, Ulysse, Ulrique, Urbain, Uriah.

DATES IMPORTANTES DE LA LIGNÉE :

Ce sont des dates qui ont marqué et qui marquent encore notre lignée. Utilise ces dates pour mettre en place des choses très importantes pour toi. Les mois d'août et de septembre. Le 21 de chaque mois. Le 9 janvier, le 26 février, le 3 mars, le 2 juillet, le 4 septembre.

MESSAGE DIVINATOIRE DE LA LIGNÉE :

Actuellement, tu es dans une énergie de faux self. Tu t'es persuadé·e que tu as nettoyé tout ce qui ne te convenait pas et que tu es dans une belle énergie d'amour et de lumière. Mais tu es un être imparfait et tu as aussi une partie sombre. Tu es en train de fuir cette partie de toi et cela fait que chaque jour, tu mets en place des choses qui ne sont pas en accord avec tes besoins profonds. Prends conscience de ce faux self et détache-toi de lui. Demande de l'aide si tu en ressens le besoin pour créer un nouvel équilibre intérieur et pour regarder ta partie sombre d'une nouvelle façon. Cela va te permettre de modifier beaucoup de choses dans ta routine et de revoir tes relations. Actuellement, trois d'entre elles sont perturbées par ce faux self. Redeviens toi-même pour partager de beaux moments avec ces personnes qui t'aiment pour qui tu es.

ANCÊTRE FEMME :

Est-ce que mon tarot a été retrouvé et conservé ? Je n'arrive pas à avoir cette information. Ma grand-mère aussi tirait les cartes. Elle parlait également aux anges. Je savais aussi le faire. Je n'en parlais pas beaucoup, sinon je disais que je parlais avec Dieu. Mais je ne me penchais pas forcément sur mes convictions spirituelles. J'étais persuadée qu'il y avait une vie après la mort et cela s'est confirmé après mon décès. Sinon je ne serais pas là à communiquer avec toi. Les membres de notre famille ont toujours eu un lien très fort avec la spiritualité. Ils ont aussi vécu de grandes expériences spirituelles. Beaucoup d'entre eux étaient médiums. D'ailleurs, dans chaque génération, il y a toujours un descendant qui achète une maison hantée. Tu peux sourire, mais c'est vrai. Est-ce que c'est toi ? D'ailleurs, tous les membres de notre famille ont vécu une grande expérience à leurs 7, 17, 27, 37, et 47 ans. Est-ce que tu te souviens de la tienne ? Désolée, je te pose beaucoup de questions, mais j'aime tellement me manifester ! Je trouve cela magique, toutes ces énergies et ces champs du possible qui sont invisibles à nos yeux quand nous sommes incarnés. Tu as en toi de grandes capacités spirituelles. Tu peux faire confiance à tes convictions. Ce n'est pas le produit de ton imagination. C'est bien réel et je vais bientôt me manifester directement à toi. Rassure-toi, je ne veux pas te faire peur, mais je vais te montrer que tout cela existe vraiment.

ANCÊTRE HOMME :

Notre famille est une lignée de médiums. Je l'étais moi-même, mais j'ai longtemps lutté contre. Cela me déstabilisait et je préférais être cartésien plutôt que de me laisser emporter par tout cela.

Je n’aimais pas quand je ne pouvais pas expliquer les choses et j’ai vécu tellement d’expériences qui n’ont aucune explication rationnelle que cela est très déroutant. Plus jeune, j’allais avec des amis dans des endroits abandonnés et j’étais le seul à voir les anciens propriétaires des lieux décédés. Mes amis ne me croyaient pas alors que je leur disais des choses que je ne pouvais normalement pas savoir. Des choses qui se révélaient être bien réelles. Ils pensaient que je me moquais d’eux. En grandissant, j’ai laissé cela de côté. Je préférais me rapprocher du côté matériel de la vie. Mais nous sommes des médiums. Tu as en toi cette capacité de médiumnité. Je ne sais pas si tu la travailles ou si tu lui fais confiance. En tout cas, sache que tu as tout mon soutien. Tu peux explorer différents contacts. Prends bien le temps de t’ancrer pour ne pas être déstabilisé·e par ces échanges médiumniques. Tu peux communiquer avec beaucoup d’âmes qui ne sont plus incarnées et je ne sais pas si tu en as pris conscience, mais tu as déjà commencé à le faire.

CONSEIL TRANSGÉNÉRATIONNEL :

Nous sommes l'énergie de la famille. Nous avons un karma positif médiumnique. Les membres de notre lignée ont naturellement une très grande ouverture au niveau des chakras du troisième œil et coronal. Nous avons un pied entre les deux mondes. C'est facile pour nous de communiquer avec les âmes de l'autre côté. Tu peux utiliser le karma positif familial. Pour ce faire, prends le temps de travailler tes capacités de médiumnité. Fais attention à tes rêves, à tes ressentis lors de tes méditations, aux messages que tu reçois lors de l'utilisation de tes oracles. Tu as de nombreux contacts avec des âmes positives. Cela va t'aider à recevoir de précieux conseils, mais tu vas également aider de nombreuses personnes. Sois fier·ère de ce karma. C'est une très belle transmission familiale.

PRÉNOMS DE LA LIGNÉE :

Ce sont des prénoms qui ont joué un rôle très important dans notre lignée familiale. Tu peux appeler ces prénoms quand tu en ressens le besoin pour te donner du courage, pour avoir des conseils ou pour te protéger. Isabelle, Idalie, Idéal, Ignace, Ilan, Ignas, Indie, Isaac, Isadora.

DATES IMPORTANTES DE LA LIGNÉE :

Ce sont des dates qui ont marqué et qui marquent encore notre lignée. Utilise ces dates pour mettre en place des choses très importantes pour toi. Les mois de janvier et de décembre. Le 6 de chaque mois. Le 19 janvier, le 31 janvier, le 9 février, le 17 mai, le 17 août, le 4 septembre.

MESSAGE DIVINATOIRE DE LA LIGNÉE :

Depuis trois semaines, tu vis un contact médiumnique avec une âme lors de tes rêves. C'est une âme qui est très proche de toi et avec qui tu as un lien très fort. Cette personne t'envoie de nombreux signes dans la journée au travers de la couleur bleue et du chiffre 3. Cette âme souhaite que tu remarques un détail important présent dans ton quotidien. Cela va t'aider à avoir des révélations et te permettre de prendre des décisions qui vont créer un nouveau tournant dans ta vie. Tu peux écrire sur une feuille tes ressentis et tes réponses à cette âme. Cela va te permettre de créer une nouvelle communication positive et t'aider à avoir confiance en tes puissantes capacités médiumniques.

ANCÊTRE FEMME :

Mon existence n'a pas été la plus joyeuse. Je n'ai jamais réussi à faire confiance à la vie et aux autres. J'étais très souvent pessimiste et je laissais mes émotions négatives m'enfermer dans un tourbillon négatif. J'ai laissé ma souffrance intérieure grandir en moi et j'étais persuadée que le bonheur n'était pas fait pour moi. J'ai fait fuir les personnes qui étaient trop proches, j'ai laissé des opportunités passer et je me suis repliée sur moi-même. J'avais mal. J'avais très mal. Tu sais, je ne savais quoi faire d'autre. Ma mère était elle aussi dans ces ténèbres, tout comme ma grand-mère. Les émotions négatives nous donnaient la main et on n'arrivait pas à la lâcher. J'ai eu des paroles malheureuses envers les personnes qui ont essayé de m'aider. J'ai refusé tout le positif. Sans le savoir, je me suis laissé dévorer par notre karma familial. Je me suis laissé dévorer par cette énergie qui se transmet de génération en génération et qui nous fait croire que nous ne méritons pas de ressentir de belles et douces choses. Aujourd'hui, je sais que j'avais le droit de rire, d'aimer, de me sentir sereine. Alors, apprivoise pour moi les émotions positives. Réconcilie-toi avec elles. Tu as le droit de vivre de très belles expériences. Il n'y a pas de prix à payer. Tu as le droit au bonheur.

ANCÊTRE HOMME :

J'ai beau chercher, je n'arrive pas à me rappeler quand j'ai souri sincèrement pour la dernière fois dans ma précédente existence. J'avais créé un sourire qui me permettait de faire croire aux autres que j'allais bien, que tout allait bien. J'ai tellement souri de cette façon que j'ai cru moi-même que je souriais véritablement. Ce n'est pas vrai. J'ai toujours ressenti comme un vide intérieur, une forme de néant qui anesthésiait les émotions positives et qui amplifiait les émotions négatives. J'avais l'impression d'être traqué par un monstre et je ne pouvais jamais m'échapper. Il m'a dévoré lors de ma précédente incarnation. Et pourtant, quand j'étais en contact avec d'autres personnes, je passais pour le clown de service qui faisait rire tout le monde. Ce n'était qu'une façade. Le monstre était toujours là. Je passais pour l'homme optimiste. J'avais une terreur totale de la vie et des événements à venir. Je ne savais plus à quoi ressemblaient la joie, le bien-être et la sérénité. Je n'étais que tensions et peurs. Je n'en ai jamais parlé de mon vivant. Aujourd'hui, je sais que c'est un héritage familial. Ce n'est pas le plus joli, mais nos ancêtres ont eu des vies très difficiles. Ils ont été confrontés à de grands drames et cela a cristallisé les émotions négatives comme des conseillères. Elles sont le protecteur monstrueux de notre famille. Tu peux t'en défaire et donner une nouvelle énergie au karma de la famille ; pour cela, sois la personne la plus heureuse possible. Concentre-toi sur ton bonheur. Ose le ressentir au plus profond de ton être. Sois heureux·se pour nous.

CONSEIL TRANSGÉNÉRATIONNEL :

Nous sommes l'énergie de la famille. Notre lignée a créé une relation toxique avec les émotions négatives depuis plusieurs générations. C'est le fruit des vies de nos ancêtres qui ont vécu de lourds traumatismes. Tu peux apporter une nouvelle énergie au karma familial, à nous. Pour cela, tu peux travailler sur ton chakra sacré pour créer une nouvelle relation avec tes émotions négatives. Tu peux apprendre à les écouter comme alertes plutôt que comme conseillères. Tu peux aussi saisir les moments où tu ressens les émotions positives et en profiter totalement. Tu peux te réconcilier avec le joli, le beau du monde extérieur, des autres, de la vie. Tu peux oser aimer, rire, être fier·ère de toi, ressentir une profonde gratitude. Plus tu vas créer cet équilibre, plus tu vas créer ton bien-être et plus tu vas redonner une nouvelle lumière à l'énergie de notre famille. Ne fuis pas tes émotions négatives, tu en as besoin pour faire des pauses et pour comprendre ce que tu es en train de faire et de vivre. Tout est une question d'équilibre.

PRÉNOMS IMPORTANTS DE LA LIGNÉE :

Ce sont des prénoms qui ont joué un rôle très important dans notre lignée familiale. Tu peux appeler ces prénoms quand tu en ressens le besoin pour te donner du courage, pour avoir des conseils ou pour te protéger. Isabelle, Ingrid, Irène, Ismail, Ilan, Ireine.

DATES IMPORTANTES DE LA LIGNÉE :

Ce sont des dates qui ont marqué et qui marquent encore notre lignée. Utilise ces dates pour mettre en place des choses très importantes pour toi. Le 17 de chaque mois, le mois de septembre, le 14 avril, le 18 août, le 29 septembre, le 22 décembre.

MESSAGE DIVINATOIRE DE LA LIGNÉE :

Tu es dans une énergie de nouveaux repères. Il y a peu de temps, tu as perdu tous tes repères et tu as ressenti une profonde tristesse. Cela t'a totalement découragé·e. Les six prochains mois vont être riches de synchronicités et de rencontres pour que tu puisses construire de nouvelles bases. Tu es en train de fermer un chapitre de vie pour en ouvrir un nouveau. Tout va être différent, mais tu vas t'épanouir et te sentir soutenu·e et aimé·e. Tout va très bien se passer. Ce que tu ressens aujourd'hui est une vague qui te traverse. Quand cette vague sera partie, tu vas pouvoir t'ouvrir à de grands changements. Rappelle-toi que tout est en mouvements et tu entres dans une douce énergie joyeuse.

Tout va très bien se passer.

ANCÊTRE FEMME :

J'ai perdu un membre de ma famille et je ne m'en suis jamais remise. Je me suis interdit de la pleurer. Je n'ai pas eu la relation que je souhaitais avec cette personne. Je n'ai pas réussi à lui montrer la puissance de mon amour et je me suis empêchée de pleurer. J'avais l'impression que je n'avais pas le droit et que cela était totalement hypocrite de pleurer. Alors j'ai refoulé mes larmes pendant des années.

Je m'empêchais même d'évoquer cette personne. J'ai caché les photos et tout ce qui me rappelait son existence. Je me suis punie. Je n'ai pas forcément eu de grandes marques d'affection. Les membres de ma famille n'étaient pas les personnes les plus démonstratives de la Terre. Je n'ai pas manqué d'amour, mais j'ai manqué de tendresse. Et je suis devenue une inadaptée des émotions. Je ne savais pas gérer les émotions que je ressentais face à mes proches. J'étais d'une telle maladresse ! Mais cela m'a fait beaucoup souffrir. Et surtout, cela a créé ce karma de larmes que l'on garde en soi. Je te présente mes excuses. J'ai tellement eu mal que cela s'est cristallisé dans l'énergie de notre karma familial. Tu as le droit de pleurer. Tu as le droit de penser à une personne de cœur qui te manque. Tu as le droit de regarder sa photo. Accorde-toi ce droit. C'est important de pleurer les êtres qui nous manquent.

ANCÊTRE HOMME :

Je crois que je n'ai presque jamais pleuré de ma vie. La dernière fois, j'avais 5 ans et je m'étais entaillé le doigt. La douleur a été tellement vive que j'ai pleuré et mon père m'a tout de suite dit d'arrêter. Un homme ne pleure pas. Il m'a dit de prendre sur moi et de bien respirer, que la douleur allait vite passer.

C'est la dernière fois que j'ai pleuré. Je sais que son conseil n'était pas malveillant. Son père lui avait dit exactement la même chose. Mais mon père m'a avoué des années après qu'il pleurait dans les bras de sa mère. Personnellement, depuis ce moment, je n'ai plus jamais réussi à pleurer. Dès que quelque chose me blessait, je respirais profondément et j'enfouissais cela tout au fond de moi. Je ne me rendais pas compte que j'étais en train de créer un vrai bloc intérieur qui allait ensuite créer des tensions. Je ne pleurais pas. Rien ne m'atteignait. Tout passait vite. C'était un mensonge. Je donnais l'image d'une personne forte alors que ce poids devenait de plus en plus lourd. Ne fais pas comme moi. Ne garde pas ce poids intérieur. Il apporte beaucoup de souffrances. Tu es une personne forte même si tu pleures. Cela fait tellement de bien de pleurer. Ça soulage. Ça aide à se laisser traverser par ces différents ressentis. Ose pleurer.

CONSEIL TRANSGÉNÉRATIONNEL :

Nous sommes l'énergie de la famille. Les membres de notre famille ont toujours eu des difficultés à pleurer. Cela était vu comme une perte de temps, comme une faiblesse ou comme un acte interdit.

Cela a créé un vrai poids au sein de notre énergie. Tu peux travailler sur le karma de notre famille. Pour ce faire, ne retiens pas tes larmes quand tu as besoin de pleurer. Tu peux pleurer seul·e ou dans les bras d'une personne de confiance. Mais pleure. Cela va te faire le plus grand bien et surtout cela va t'aider à exprimer une émotion que beaucoup de nos ancêtres se sont interdit de ressentir. Cela va apporter à notre lignée une nouvelle énergie et surtout une nouvelle légèreté. Cela va nous alléger d'un très grand poids.

PRÉNOMS IMPORTANTS DE LA LIGNÉE :

Ce sont des prénoms qui ont joué un rôle très important dans notre lignée familiale. Tu peux appeler ces prénoms quand tu en ressens le besoin pour te donner du courage, pour avoir des conseils ou pour te protéger. Maman, Marthe, Macha, Margarette, Magnus, Michel, Manuel.

DATES IMPORTANTES DE LA LIGNÉE :

Ce sont des dates qui ont marqué et qui marquent encore notre lignée. Utilise ces dates pour mettre en place des choses très importantes pour toi. Les mois de février et de juillet. Le 11 de chaque mois. Le 28 février, le 17 juin, le 24 octobre, le 6 novembre et le 24 décembre.

MESSAGE DIVINATOIRE DE LA LIGNÉE :

Actuellement, tu as l'impression que le bonheur est passé et que tu ne pourras jamais le retrouver. Tu peux ressentir beaucoup de regrets et tu as l'impression que les bonnes surprises sont toujours réservées aux autres, pas à toi. C'est une fausse croyance. D'ici un mois, de très belles surprises vont se présenter à toi. Ce sont de vrais cadeaux que la vie va t'offrir. Cela va t'aider à reprendre confiance en toi et en la vie. Cela va t'aider à te recentrer sur l'instant présent. Tu peux et tu vas vivre des milliers de moments de bonheur. Tu vas ressentir une grande satisfaction intérieure et extérieure. Des portes de ta vie se sont fermées, mais de nouvelles sont en train de s'ouvrir et cela va vraiment être merveilleux. Fais confiance aux événements de la vie.

ANCÊTRE FEMME :

Je n'ai jamais osé dire ce que je pensais et ce que je voulais. Et surtout, je n'ai jamais osé parler de mes sentiments et de mes émotions. Je gérais très mal les mauvaises nouvelles et les conflits alors je me taisais et je demandais à mes proches de ne surtout pas m'en parler. Je pensais qu'en taisant les choses elles allaient disparaître. Je ne me rendais pas compte que cela était en train de créer un grand poids intérieur.

Et surtout que j'étais en train de m'effacer. J'ai effacé ma propre identité au profit du silence. Le silence a éteint mon véritable moi. Ces non-dits n'ont pas affecté que mes proches. Ils ont aussi atteint mes descendants et je te présente mes sincères excuses, car je ne m'en rendais pas du tout compte à l'époque. Je pensais qu'en mettant les choses sous le tapis, elles allaient disparaître. Ce n'est pas du tout ce qu'il s'est passé et j'ai longtemps eu le cœur meurtri pour cela, même de l'autre côté. Ne fais pas comme moi. Ne cache pas les choses. Ne reste pas sur des non-dits. Ouvre ton chakra de la gorge. Exprime-toi aussi fort que tu le peux. Dis ce que tu veux et ose vivre plus sereinement que moi les conflits. Un conflit n'est pas une erreur ou n'est pas forcément une expérience brutale à vivre. Les conflits sont parfois nécessaires pour améliorer les relations.

ANCÊTRE HOMME :

J'ai longtemps regardé mon père. Il ressemblait tellement à son propre père. Je l'observais, il avait le regard dans le vide, comme si lui venaient des millions de pensées. Il s'autorisait à être ainsi lorsqu'il se croyait seul. Alors je me cachais pour le regarder. C'étaient les seuls moments où il était vulnérable. Parfois, il croisait mon regard, alors je m'enfuyais.

Nous n'avons jamais parlé de ces moments. Je ne lui ai jamais demandé à quoi il pensait. Ça ne se faisait pas dans notre famille. On ne posait pas de questions sur nos propres ressentis. Les hommes de ma famille devaient se montrer forts et ne parler que de choses matérielles. On parlait des animaux, de la maison, des voitures, du travail, des factures, mais on ne parlait pas de ce qu'on avait au fond de nous. C'était signe de faiblesse. Et je me suis rendu compte que j'ai fait exactement la même chose devenu adulte. J'attendais d'être seul pour laisser toute la place à mes émotions négatives et à mes inquiétudes. Je ne les ai jamais partagées et au fur et à mesure du temps, elles m'ont blessé physiquement. Ces mêmes douleurs que je ne partageais pas. Si tu savais le nombre de fois où j'ai souri alors que j'avais juste besoin de parler. Arrête de sourire quand tu as envie de pleurer et quand tu as besoin de conseils. Arrête de garder la façade intacte. Ose demander du soutien quand tu en as besoin.

CONSEIL TRANSGÉNÉRATIONNEL :

Nous sommes l'énergie de la famille. Nous savons que nous avons créé un vrai blocage au niveau du chakra de la gorge pour chaque personne de notre lignée. Tous les membres de notre famille peuvent être irritables ou très susceptibles face aux conflits. Ils peuvent aussi faire preuve d'une grande imagination pour cacher les choses et même être manipulateurs. Le but n'est pas malveillant. Le but est d'instaurer le silence. Ose ouvrir ton chakra de la gorge. Ose dire les choses. Ose écouter les avis différents des autres et ose te remettre en question. Cela ne fait pas de toi une mauvaise personne. Nous sommes des êtres faillibles et nous faisons le maximum avec les moyens que nous avons. Tu ne peux pas contrôler ce que les autres pensent de toi, mais tu peux t'exprimer et montrer ton cadre de référence. C'est ce que nous t'invitons à faire pour créer une nouvelle énergie transgénérationnelle. Rappelle-toi que tu fais partie de notre lignée et que tu transmets toi aussi un karma générationnel. Alors, ouvre-toi au monde et ouvre-toi aux autres. L'énergie de la famille en a vraiment besoin.

PRÉNOMS IMPORTANTS DE LA LIGNÉE :

Ce sont des prénoms qui ont joué un rôle très important dans notre lignée familiale. Tu peux appeler ces prénoms quand tu en ressens le besoin

pour te donner du courage, pour avoir des conseils ou pour te protéger. Béatrice, Bernard, Bernadette, Benjamin, Baptiste, Brigitte.

DATES IMPORTANTES DE LA LIGNÉE :

Ce sont des dates qui ont marqué et qui marquent encore notre lignée. Utilise ces dates pour mettre en place des choses très importantes pour toi. Le mois de juillet, le 16 de chaque mois, le 4 janvier, le 4 août, le 23 novembre, le 18 décembre.

MESSAGE DIVINATOIRE DE LA LIGNÉE :

Tu vas être invité·e à parler à de nombreuses personnes. Ce que tu vas dire va avoir une grande portée sur les autres. Cela va être une vraie source d'inspiration. Exprime-toi avec le cœur et n'essaye pas à tout prix de cacher tes émotions. Ce qui va compter, c'est ton expression non verbale au-delà des mots. Dévoile-toi aux autres. Cela va t'apporter un réel soulagement et t'aider à te sentir plus léger·ère. Tu es à un moment très important de ta vie et c'est en communiquant que tu vas te révéler.

ANCÊTRE FEMME :

Ma vie n'était faite que de règles à suivre. J'avais un quotidien très chargé. J'étais dans une grande charge mentale, mais on n'en parlait pas à l'époque. Ma mère avait eu la même vie, ma grand-mère aussi. On devait gérer le foyer et toutes les tâches associées dans un silence total. Je n'avais pas de temps pour moi, pour penser, pour prendre du bon temps, pour m'amuser. Toutes mes journées n'étaient qu'une longue liste de tâches pénibles à réaliser. Cela créait une existence plate et tellement ennuyeuse ! Alors j'ai vécu des moments de bonheur auprès des personnes que j'aime. C'étaient mes seuls moments de répit, mais je savais, quand j'allais me coucher, qu'une nouvelle journée dénuée de sens allait recommencer. Une journée à faire toujours la même chose. J'étais comme emprisonnée. Je pensais que remettre en question les règles et les obligations qu'on m'imposait était interdit. Je pensais être une mauvaise personne à ne pas m'en satisfaire. Je pensais que c'était mal. Mais j'avais tort. Tu as le droit de te défaire de ces tâches quotidiennes qui ne t'apportent ni réconfort ni bien-être. Tu as le droit de dire « stop » à cette routine oppressante. Prends du temps pour toi. Le temps passe tellement vite. Accorde-toi le temps de vivre.

ANCÊTRE HOMME :

J'ai été très autoritaire dans ma précédente existence. J'ai tout appris de mon père qui a lui-même appris de son père. J'étais froid et ma présence pouvait être glaçante. Je pouvais être hors de moi si je ne contrôlais pas les choses ou si les autres n'obéissaient pas à mes ordres. Il fallait que les choses soient d'une certaine façon, à un certain moment.

C'était comme ça et pas autrement. Je voyais le changement comme une provocation et je faisais tout pour maintenir l'ordre. J'ai grandi ainsi. Pour moi, c'était la norme. C'était comme ça que l'on construisait une vie réussie. C'était comme ça que l'on était heureux. Mais je pense que je ne l'ai jamais vraiment été lors de cette existence. En tout cas, je ne me suis pas autorisé à l'être. Il fallait que je maintienne le cap de la famille. J'étais le détenteur de l'ordre. C'était totalement à l'opposé de ma véritable identité, mais au fur et à mesure des années, je l'ai oublié. Ne fais pas comme moi. Ne reproduis pas la froideur qu'on a pu te transmettre enfant. Cette froideur et cette autorité sont liées à notre famille. Tu as le droit de remettre en question ce qu'on a enseigné pour être plus flexible, plus nuancé·e et surtout pour t'adapter davantage aux autres et aux événements. Cela va te faire le plus grand bien.

CONSEIL TRANSGÉNÉRATIONNEL :

Nous sommes l'énergie de la famille. Notre énergie est bloquée depuis plus de neuf générations par une froideur et une autorité qui nous empêchent de nous exprimer, de partager nos ressentis, de vivre sereinement le changement et d'être simplement nous-mêmes. Tu peux modifier notre énergie. Pour ce faire, tu as besoin de déconstruire ce que tu as appris enfant et qui ne te convient pas. Ose créer tes propres règles. Sois davantage dans l'adaptation face aux imprévus plutôt que dans la colère et dans l'impression que tout est contre toi. Prends conscience qu'à part ce que tu nourris en toi, tu ne contrôles strictement rien. Tu ne contrôles ni les autres, ni le cours de ta journée, ni les événements. En revanche, tu décides de ce qui est important pour toi. Sois plus souple. Plus tu vas être dans cette énergie, plus tu vas modifier l'énergie de notre famille. Cela va t'aider à te détacher d'une grande charge mentale et laisser la place à plus d'amusement et de sérénité.

PRÉNOMS IMPORTANTS DE LA LIGNÉE :

Ce sont des prénoms qui ont joué un rôle très important dans notre lignée familiale. Tu peux appeler ces prénoms quand tu en ressens le besoin pour te donner du courage, pour avoir des conseils ou pour te protéger. Agathe, Agnès, Alfonse, Antoine, Alain, Aurélie, Auguste, Adeline.

DATES IMPORTANTES DE LA LIGNÉE :

Ce sont des dates qui ont marqué et qui marquent encore notre lignée. Utilise ces dates pour mettre en place des choses très importantes pour toi. Le mois de février, le 24 de chaque mois, le 7 janvier, le 18 avril, le 15 juin, le 12 septembre, le 1er novembre.

MESSAGE DIVINATOIRE DE LA LIGNÉE :

Tu ressens actuellement une grande charge mentale et tu as l'impression que tu ne peux pas t'en sortir. Tu as besoin de te défaire de trois obligations quotidiennes qui emprisonnent tes énergies. Ces obligations étaient utiles avant, mais elles ne le sont plus aujourd'hui. Ose t'en détacher. Cela va te dégager du temps pour réfléchir aux décisions importantes à prendre. Un grand tournant dans ta vie arrive dans l'année. Pour que tu puisses prendre les décisions justes pour toi, tu as besoin de t'y préparer. Modifie ta routine et ton quotidien. Cela va t'aider à ressentir une nouvelle sérénité et te permettre d'avancer pour toi et par toi-même.

ANCÊTRE FEMME :

J'ai retrouvé mon véritable amour. On avait été séparés et cela m'avait profondément rendue triste. J'ai aimé une seule personne dans ma vie aussi profondément. Et c'était cette personne-là.

On a été séparés pendant des années, mais on s'est retrouvés. Elle a tout fait pour que nous puissions nous voir de nouveau et que nous puissions continuer notre relation. L'histoire de notre famille est riche de ces histoires. Je te conseille de te renseigner, c'est passionnant. Beaucoup de personnes se sont battues pour les membres de notre lignée. Elles ont bravé les obstacles pour retrouver l'être aimé. C'est tellement romantique. Je suis une âme romantique, je l'avoue. Et l'amour a toujours été très important pour moi. Beaucoup de femmes de notre lignée n'ont aimé qu'une seule personne. Cela peut paraître magique, mais au fur et à mesure des générations, cela a créé un karma négatif. J'en suis la première désolée. Cela a donné cette croyance limitante que nous n'avons qu'une seule âme sœur et que nous ne pouvons pas aimer d'autres personnes. Cela a été le karma des femmes de notre lignée, mais ce n'est pas obligatoire que cela soit aussi le tien. Rappelle-toi qu'au-delà des expériences de tes ancêtres, tu as ton propre libre arbitre et ton propre chemin de vie à écrire. Mais si je peux te donner un conseil, ne doute jamais des miracles dont sont capables les personnes qui t'aiment. Elles peuvent faire des choses extraordinaires pour toi.

ANCÊTRE HOMME :

Je n'avais pas le droit d'aimer celle que j'aimais et j'ai été très longtemps éconduit. Alors je t'arrête tout de suite, je ne l'ai pas du tout harcelée, mais j'étais patient. Je l'ai regardée être courtisée par d'autres hommes. Je l'ai vue expérimenter et moi je me refusais d'aller vers d'autres femmes. Je n'aimais qu'elle et je ne voulais qu'elle. Et puis, elle s'est approchée de moi et nous avons vécu une incroyable histoire d'amour. Ce temps d'attente n'était pas une longue peine. C'était le temps dont elle avait besoin pour venir vers moi. Je te dis cela car nous avons le karma familial de la patience, mais je vois que tu ne l'utilises pas du tout. Tu as cette force d'attente et de persévérance, mais tu es toujours en train de courir. Tu as toujours peur que les autres t'oublient ou qu'ils ne s'intéressent pas à toi et cela perturbe tes actions et tes réactions. Tu peux aussi dépasser les limites des autres sans t'en rendre compte. En amour, crois-moi, prends ton temps. Plus tu vas courir, moins tu vas obtenir ce que tu souhaites. Plus tu vas patienter, plus de belles surprises vont se produire. Vraiment, fais-moi confiance.

CONSEIL TRANSGÉNÉRATIONNEL :

Nous sommes l'énergie de la famille. Notre lignée a toujours eu un grand besoin de vivre de grandes histoires d'amour. C'est notre destinée. Attention, cela ne veut pas dire que ce sont des relations passionnées qui déchirent et qui blessent. Mais notre lignée a besoin de se réaliser par de belles relations sentimentales. Nous avons cette force de patience et de persévérance quand nous aimons une personne. Tu peux utiliser cette force de patience. Pour ce faire, adapte-toi au rythme des personnes que tu aimes. Ne leur demande pas ce qu'elles ne peuvent pas t'apporter. Prends conscience que tu as plusieurs âmes sœurs et que tu peux vivre plusieurs belles histoires d'amour. Tu n'es pas forcément voué-e qu'à une seule personne. Cela va te permettre d'apporter un nouvel équilibre à notre énergie relationnelle et t'aider à vivre de très belles expériences avec des personnes que tu aimes profondément.

PRÉNOMS DE LA LIGNÉE :

Ce sont des prénoms qui ont joué un rôle très important dans notre lignée familiale. Tu peux appeler ces prénoms quand tu en ressens le besoin pour te donner du courage, pour avoir des conseils ou pour te protéger. Edwin, Elfy, Élie, Élisabeth, Elisia, Ella, Elly, Emmanuelle, Emiline, Émeraude.

DATES IMPORTANTES DE LA LIGNÉE :

Ce sont des dates qui ont marqué et qui marquent encore notre lignée. Utilise ces dates pour mettre en place des choses très importantes pour toi. Les mois de février et d'octobre. Le 4 de chaque mois. Le 3 avril, le 12 juin, le 15 août, le 2 septembre, le 20 octobre, le 3 novembre.

MESSAGE DIVINATOIRE DE LA LIGNÉE :

Une personne reviendra dans ta vie dans moins de six mois. C'est une personne qui avait dû partir, car elle avait besoin de se recentrer sur elle et de fermer des chapitres de son passé. Tu ne pouvais pas l'aider et elle avait besoin de faire ce chemin seule. Cette personne va reprendre contact avec toi. Vous allez créer une nouvelle relation ensemble. C'est une relation qui va être très inspirante, car elle va vous aider à découvrir de nouvelles choses en vous. Cette relation va vous porter pour sortir de votre zone de confort et pour commencer de nouveaux projets. C'est une relation qui va durer très longtemps et vous allez vivre de très belles expériences positives.

ANCÊTRE FEMME :

J'ai vécu dans une société où la femme n'avait pas le droit à la parole. Je pouvais essayer de parler, mais je n'étais pas entendue ni même prise au sérieux. Je devais tenir un rôle et je devais toujours être la plus lisse possible. Cela n'impactait pas que moi. C'était le cas de toutes les femmes de ma lignée. Je croisais souvent le regard de ma mère. On se regardait. On ne disait rien, mais on savait. Nous avions des secrets. Des femmes de ma famille ont dû faire des choses à l'encontre de leurs volontés et ne rien dire. J'ai fait des choses qui m'ont déchiré le cœur et j'ai dû garder le silence. Je devais tenir mon rôle. Je devais être parfaite aux yeux des autres. Je devais suivre les règles qui étaient là depuis bien longtemps. Je suis partie avec ces secrets. De l'autre côté, j'ai retrouvé une personne que j'avais dû quitter, car notre relation ne pouvait pas vivre lors de notre existence. Cette rupture tenue si longtemps secrète a été un vrai poison pour moi. Mais je l'ai retrouvée et je suis tellement heureuse. Nous sommes ensemble maintenant et notre amour est si puissant ! Ne garde pas sous silence les émotions que tu ressens pour les autres. Ne garde pas secret ton amour. Ose dévoiler tes sentiments et crée les relations que tu souhaites. Tu as le droit de changer les règles. Nous avons besoin que tu les changes.

ANCÊTRE HOMME :

Je suis parti avec des secrets. Des secrets qui ont été un vrai poids. Des secrets qui m'ont empêché de vivre ce que je voulais. Des secrets qui ont longtemps perturbé mon sommeil et qui ont créé une grande dualité intérieure. Je les considérais comme inavouables. J'avais l'impression que si je les disais, alors tout mon monde et celui de mes proches allaient s'effondrer. D'où je suis aujourd'hui, je n'ai pas le même regard. Je sais que cela serait un vrai soulagement de parler, mais je n'en étais pas capable à l'époque. Alors je n'ai rien dit. Ces secrets se sont logés au niveau de mon abdomen et j'avais souvent des problèmes gastriques. Ces mêmes problèmes se sont transmis de génération en génération. Chaque membre de la lignée n'arrive plus à digérer ces secrets et les porte comme un fardeau sans savoir ce que c'est. Ce sont mes secrets et ceux de mes ancêtres. Nous avons caché beaucoup de choses, car on nous a toujours dit que c'était comme cela qu'on devait avancer. Nous taire et enfouir cela au plus profond de nous. Ne parle pas, ne révèle rien, cache tout. Aujourd'hui, tu portes ce fardeau en toi et tu ne sais pas ce que c'est. Je suis désolé. Les secrets sont un poison. Dis ce que tu as à dire et ose te dévoiler. Nous sommes en indigestion depuis trop de générations.

CONSEIL TRANSGÉNÉRATIONNEL :

Nous sommes l'énergie de la famille. Pour maintenir une image parfaite socialement, chaque membre de la famille a été brutalisé à différentes échelles et différentes intensités. Nous avons caché ce qui pouvait entacher la bonne réputation de la famille. Tu peux travailler sur ce karma. Sans être le ou la sauveur·se, tu peux apporter une nouvelle énergie à notre lignée. Pour ce faire, détache-toi du regard des autres et de leur potentiel jugement. Ose réinventer les règles de vie qui t'ont été transmises. Ose changer ce qui ne te convient pas. Rappelle-toi que tant que tu ne dépasses pas tes limites et celles des autres, tu as le droit de tout faire. Le moment est venu d'être originale. Les membres de notre lignée n'ont pas pu le faire. Ils ont été ligotés par l'emprise du secret. Ne t'empêche pas de dire qui tu es et ce que tu veux en pensant que cela est la meilleure option. C'est la pire. Parle, expérimente, sois toi-même. L'autre te regarde en fonction de qui il est. Il y aura toujours des critiques gratuites. Elles peuvent rester à ta porte si tu ne leur donnes pas de pouvoir. Tu as envie de dire tellement de choses, mais tu ne prononces aucun mot. Nous sommes avec toi. Hurle, chante, parle. Le moment est venu de le faire et nous sommes déjà très reconnaissants de ta démarche. Le but est que tu essayes.

PRÉNOMS IMPORTANTS DE LA LIGNÉE :

Ce sont des prénoms qui ont joué un rôle très important dans notre lignée familiale. Tu peux appeler ces prénoms quand tu en ressens le besoin pour te donner du courage, pour avoir des conseils ou pour te protéger. Richard, Robert, Régis, Renée, Rose, Rachel, Raphaël

DATES IMPORTANTES DE LA LIGNÉE :

Ce sont des dates qui ont marqué et qui marquent encore notre lignée. Utilise ces dates pour mettre en place des choses très importantes pour toi. Le 12 et le 18 de chaque mois, le 2 janvier, le 13 février, le 26 octobre.

MESSAGE DIVINATOIRE DE LA LIGNÉE :

Le 2 du mois prochain, il y a un événement très important qui va se produire avec une personne proche. Cette personne va te dire quelque chose de très important. Cela peut être perturbant, mais c'est un message que tu as besoin d'entendre. Sois dans une écoute bienveillante et douce. Ce n'est pas une critique, bien au contraire. Cette information va t'aider à prendre conscience de tes schémas relationnels et à les modifier. La communication peut être très compliquée dans tes relations actuellement. Cette information va être signe d'un grand changement.

ANCÊTRE FEMME :

J'étais une personne très organisée. J'étais capable de faire beaucoup de choses en peu de temps. J'étais d'ailleurs très souvent admirée pour cela. Ma mère m'a tout appris. Elle m'a toujours expliqué comment optimiser son temps. Elle avait beaucoup de choses à gérer et aucune ressource pour l'aider. Elle a dû tout gérer seule et elle m'a appris à le faire. Je ne voyais les choses que par l'organisation. J'étais incapable de la modifier. Les choses devaient se faire dans un certain ordre et ce n'était pas négociable. Je ne me rendais pas compte que j'étais oppressante pour les autres. Que cette organisation était une vraie prison pour mes proches. Je ne prenais jamais de temps pour me reposer. Chaque seconde devait être rentabilisée. Je m'étais transformée en un robot sans même m'en apercevoir. Même les moments avec mes proches étaient planifiés. Cela devait servir à quelque chose sinon j'avais toujours l'impression de perdre mon temps. Je n'étais pas spontanée, je ne profitais pas de l'instant présent et surtout je ne m'amusais pas. J'avais créé une relation très toxique avec l'heure. J'étais toujours en train de la scruter pour être sûre d'être dans les temps. Quelle fatigue, mais quelle fatigue ! Je sais que tu as une relation dysfonctionnelle avec le temps. Tu as toujours peur de perdre ton temps et c'est ma faute. Je te présente mes sincères excuses et je te demande vraiment de prendre ton temps.

ANCÊTRE HOMME :

J'ai compris très tard que je n'avais pas pris le temps de vivre ce que je voulais vivre. J'ai commencé alors à courir. J'avais toujours l'impression que c'était trop tard et que je devais encore plus me dépêcher. J'avais beaucoup de choses à faire en peu de temps. Et je voulais vivre ces choses-là. Alors je les ai enchaînées les unes après les autres sans même les savourer. Je ne pensais qu'à m'organiser pour que toutes ces choses soient vécues. Mais quand elles étaient là, je pensais déjà à la suivante. Je n'étais jamais à ce que j'étais en train de faire et j'ai passé la fin de ma vie à m'épuiser encore et encore. Et surtout j'ai créé cette croyance limitante qui se transmet maintenant de génération en génération : « c'est trop tard, je n'ai pas le temps, il faut que je me dépêche ». Je sais que tu ressens souvent cette énergie, car tu cherches toujours des façons de faire pour quelque chose et quand elle est là, tu planifies une nouvelle expérience à vivre. Tu n'arrives pas à ressentir de la gratitude, tu n'arrives pas à profiter de l'instant présent et tu n'arrives pas à t'ancrer. Ton organisation ne sert qu'à te projeter dans un moment qui n'existe pas en fuyant ce qui se passe ici et maintenant. Je suis profondément désolé et je t'invite vraiment à créer une nouvelle relation avec le temps, avec l'instant présent et avec les actions que tu souhaites mettre en place.

CONSEIL TRANSGÉNÉRATIONNEL :

Nous sommes l'énergie de la famille. Nous avons créé une relation dysfonctionnelle avec le temps. Nous sommes toujours en train de mettre en place de nombreuses actions pour réaliser quelque chose et nous avons pris l'habitude de définir des objectifs très difficiles à atteindre. Nous avons pris l'habitude de dépasser nos ressources sans écouter notre fatigue et notre besoin de nous recentrer. Cela a pu créer un karma négatif. Tu peux travailler sur ce karma si tu le souhaites. Pour ce faire, arrête de chercher l'organisation parfaite. Elle n'existe pas. Fais des pauses et laisse des moments dans ta journée où tu n'as rien de prévu. Cela va te permettre d'être de nouveau spontané·e. Oublie les *to-do lists*. Elles créent une grande charge mentale et elles t'empêchent d'être dans la gratitude. Crée une routine souple où tu peux changer les choses quand tu le souhaites. Cela va t'aider à t'ancrer dans l'instant présent d'une nouvelle façon et cela va apporter une nouvelle énergie à la famille.

PRÉNOMS IMPORTANTS DE LA LIGNÉE :

Ce sont des prénoms qui ont joué un rôle très important dans notre lignée familiale. Tu peux appeler ces prénoms quand tu en ressens le besoin pour te donner du courage, pour avoir des conseils ou pour te protéger. Salim, Stefen, Sigmond, Sylvain, Servane, Serge, Sylvestre.

DATES IMPORTANTES DE LA LIGNÉE :

Ce sont des dates qui ont marqué et qui marquent encore notre lignée. Utilise ces dates pour mettre en place des choses très importantes pour toi. Les mois de février et d'octobre. Le 27 de chaque mois. Le 29 janvier, le 29 avril, le 19 juin, le 6 novembre.

MESSAGE DIVINATOIRE DE LA LIGNÉE :

Actuellement, tu cherches à mettre beaucoup de choses en place, car tu as de nombreux objectifs à atteindre. Mais cela crée une grande charge mentale et tu t'enfermes dans l'autosabotage. Tout te paraît compliqué, car tu as trop de choses à faire et cela épuise tes énergies. Fais une pause et définis une seule priorité. Concentre-toi uniquement dessus.

Cela va te permettre de retrouver une nouvelle sérénité et tu vas de nouveau être motivé·e pour réaliser ce qui est important pour toi. Cela va aussi te laisser du temps pour partager avec des personnes de cœur qui cherchent à entrer en contact, mais tu ne prends pas le temps de leur répondre, car tu es trop focalisé·e sur tes objectifs. Tu mérites une pause. Tu mérites de partager avec les autres.

ANCÊTRE FEMME :

J'ai toujours été une personne passionnée, mais savais-tu que chaque membre de notre famille avait une passion secrète ? On n'en parlait pas. On n'avait pas le droit d'en parler. Il fallait cacher cette passion profonde, alors je ne disais rien. Personne ne disait rien. Ma passion à moi, c'était le dessin. Dès que j'avais un peu de temps disponible, je dessinais et j'adorais ça. Je n'ai jamais montré mes croquis, mais je les ai précieusement gardés. Je ne sais pas s'ils existent encore. Je sais maintenant que ma mère avait aussi des passions secrètes, mais à l'époque, elle me le cachait aussi. C'était mal vu d'avoir des passions. C'est dommage, car on ne faisait rien de mal, mais c'était vu comme de la paresse que d'avoir du temps rien que pour soi, alors on ne disait rien et on attendait que personne ne regarde pour prendre du temps pour nous. Cela a créé une mémoire familiale qui est de tout garder pour nous. Cela a créé ce besoin d'avoir un jardin secret tellement grand qu'il en devient une vraie forêt. Les membres de notre famille avaient des difficultés à se dévoiler et à parler d'eux. On ne dévoilait pas publiquement qui nous étions et cela a créé de nombreuses carapaces. On passait pour des personnes ennuyeuses alors qu'on était tout le contraire : originales et totalement perchées. Ne cherche pas à te cacher. Ne cherche pas à restreindre tes talents. Ne cherche pas à faire comme tout le monde. Tu es une personne passionnée et cela est une vraie source d'inspiration pour les autres.

ANCÊTRE HOMME :

J'avais des passions qui étaient réservées aux femmes. Du moins, à mon époque, c'était mal si j'en parlais. J'adorais coudre, travailler le tissu et confectionner de jolies pièces. Mais je ne pouvais pas en parler. On me disait toujours que cela était réservé aux femmes. Pourtant, j'adorais aussi prendre soin de mon foyer. J'aimais quand cela sentait bon la lavande et quand tout était propre. Et j'aimais le faire par moi-même. Même ça, on me disait que c'était réservé aux femmes. C'était du grand n'importe quoi. Alors je le faisais et je n'en parlais pas. Je faisais de longues balades seul dans des champs de fleurs pour humer les douces odeurs. C'étaient vraiment des moments où je me sentais bien et où je profitais pleinement de l'instant présent. Il est très important que tu te détaches de cette dualité entre homme et femme. Entre ces passions acceptées pour les uns et refusées pour les autres. Cela est brutalisant et stigmatisant. Si quelque chose te passionne, alors engage-toi dans cette démarche et laisse-toi porter par elle. Rappelle-toi que tant que tu respectes tes limites et celles des autres, tu peux tout faire. Et si tu veux rendre hommage aux membres de ta lignée, entoure-toi de lavande. Cette odeur est vraiment liée à notre énergie familiale.

CONSEIL TRANSGÉNÉRATIONNEL :

Nous sommes l'énergie de la lignée. Nous avons ce karma qui nous ordonne de nous cacher des autres, qui nous fait croire que ce que nous aimons n'est pas acceptable aux yeux des autres et nous avons alors pris l'habitude de profiter de l'instant et de créer notre épanouissement cachés de tous. Cela fait que nous avons beaucoup de difficultés à parler de ce qui est important pour nous. Nous avons pris l'habitude d'être parfaitement stoïques, alors nous avons besoin de mouvements et de couleurs. Tu peux travailler sur cette énergie si tu le souhaites. Pour ce faire, ose te laisser porter par tes passions. Ose te détacher de ce masque social calme et indifférent que tu portes chaque jour et montre à tout le monde ton humour, ton originalité et ton cadre de référence. Cela va t'aider à te détacher d'un masque qui ne te correspond plus et te permettre d'être simplement toi. Cela va aussi apporter une nouvelle énergie à la lignée pour le bien de tout le monde.

PRÉNOMS IMPORTANTS DE LA LIGNÉE :

Ce sont des prénoms qui ont joué un rôle très important dans notre lignée familiale. Tu peux appeler ces prénoms quand tu en ressens le besoin pour te donner du courage, pour avoir des conseils ou pour te protéger. Naya, Noah, Noelly, Nicky, Noé, Nathan, Nguyen, Naeline.

DATES IMPORTANTES DE LA LIGNÉE :

Ce sont des dates qui ont marqué et qui marquent encore notre lignée. Utilise ces dates pour mettre en place des choses très importantes pour toi. Les mois d'avril et de mai. Le 17 de chaque mois. Le 4 et le 12 octobre, le 14 novembre, le 22 et le 23 décembre.

MESSAGE DIVINATOIRE DE LA LIGNÉE :

Tu es une personne passionnée, mais tu n'arrives pas à partager tes passions. Cela crée une grande solitude qui peut devenir oppressante. Ose intégrer des groupes ou des associations qui partagent les mêmes passions que toi. Cela va te permettre de rencontrer de nouvelles personnes qui vont être d'un grand soutien. Tu es actuellement dans une phase compliquée et tu cherches à tout prix à tout gérer seul·e. Ces personnes vont t'aider à trouver un nouvel optimisme et des solutions pour sortir d'une impasse. Cela va te permettre de gagner une nouvelle légèreté et une nouvelle sérénité.

ANCÊTRE FEMME :

Je n'ai pas forcément pu disposer de mon propre argent. Et cela a toujours été une grande frustration. Je savais que j'avais de grandes capacités pour avoir un revenu plus que convenable, mais la vie m'a empêchée de me réaliser financièrement. Je devais toujours faire très attention. Chaque achat était justifié et indispensable. Je dépensais très peu pour moi et j'essayais d'économiser encore plus. Je n'aimais pas dépenser de l'argent, car j'avais toujours la sensation que ce n'était pas le mien et que chaque dépense était inutile. Tout mon quotidien tournait autour de cela : économiser le moindre sou. J'étais très douée pour cela, mais c'était une vie de sacrifices et de manque. Plus le temps passait, plus je diabolisais l'argent. Je n'étais pas la seule à avoir cette relation avec l'argent. Cela fut le cas pour beaucoup de membres de notre famille. Nous cherchions à économiser sans forcément avoir de but. Ces économies n'étaient pas destinées à un grand besoin. Il fallait juste garder l'argent caché. Ne pas le dépenser. Je sais que cela a créé un karma négatif et que tu peux avoir une relation dysfonctionnelle avec l'argent. Soit il te brûle les doigts, soit tu n'oses faire aucune dépense. Le moment est venu d'équilibrer cette relation.

ANCÊTRE HOMME :

Notre famille a connu de grandes banqueroutes. Beaucoup de membres de notre famille ont tout perdu. Ils ne possédaient plus rien. Cela a créé une grande peur de manque et un besoin de garder l'argent près de soi. Nos ancêtres n'étaient pas forcément de bons gestionnaires. Ils ont cherché à faire fructifier leur argent sans forcément comprendre comment faire. Cela a créé de grandes catastrophes financières. Il y a des dates qui ont marqué notre famille concernant ces faillites. Tu peux effectuer tes recherches si tu le souhaites. C'est 1790, 1859, 1972 et 2003. Cela a créé un grand manque de confiance concernant notre gestion financière. Je sais que nos descendants n'arrivent pas à équilibrer leur relation avec l'argent. Ils ont l'impression de ne faire que de mauvais choix et parfois c'est vraiment le cas. Je ne juge pas, mais je vois ce qui se passe. Le moment est venu de nous reconstruire. Le but n'est pas d'avoir un grand palais, mais les membres de notre famille ont besoin de créer une nouvelle sécurité financière et surtout de se faire plaisir. Nous avons perdu l'habitude de nous faire de jolis cadeaux et de créer une stabilité financière. Notre famille a vraiment besoin de cela.

CONSEIL TRANSGÉNÉRATIONNEL :

Nous sommes l'énergie de la famille. Notre lignée a une relation dysfonctionnelle avec l'argent. Soit il est investi dans de mauvais placements, soit nous sommes beaucoup trop généreux, soit nous le refusons. Cela a créé une dualité entre grande richesse et grande pauvreté matérielle. Cela perturbe chacun des membres de la lignée. Tu peux travailler sur notre karma familial si tu le souhaites. Pour ce faire, questionne ta propre relation à l'argent. Demande-toi si tu arrives à dépenser de l'argent de façon équilibrée, et si non, pourquoi. Demande-toi aussi par qui tu peux être aidé·e pour créer un nouvel équilibre financier. Cela va t'aider à créer une nouvelle abondance et apporter une énergie nouvelle à la famille. Cela va nous aider à retrouver une vraie stabilité.

PRÉNOMS IMPORTANTS DE LA LIGNÉE :

Ce sont des prénoms qui ont joué un rôle très important dans notre lignée familiale. Tu peux appeler ces prénoms quand tu en ressens le besoin pour te donner du courage, pour avoir des conseils ou pour te protéger. Jackie, Jacob, Joseph, Jade, Janette, Jasmin, Javier, Jasper.

DATES IMPORTANTES DE LA LIGNÉE :

Ce sont des dates qui ont marqué et qui marquent encore notre lignée. Utilise ces dates pour mettre en place des choses très importantes pour toi. Les mois de mars et de juin. Le 22 de chaque mois. Le 8 janvier, le 17 février, le 3 mars, le 4 avril, le 5 juin, le 20 octobre.

MESSAGE DIVINATOIRE DE LA LIGNÉE :

Tu vas être invité·e à faire une grosse dépense. Ce n'est pas une dépense inutile, bien au contraire. C'est un investissement qui va être très important pour toi et qui va t'aider à te sentir en sécurité. Tu peux avoir peur de faire cette dépense, car tu peux te dire que c'est une erreur et que tu vas le regretter. Tu es accompagné·e par de nombreuses âmes qui te protègent. Tout va très bien se passer et tu ne vas pas perdre ton investissement. Cela va t'aider à créer de nouvelles bases d'ancrages solides pour continuer à avancer dans différents projets. Cette dépense est justifiée et elle va t'aider à créer une nouvelle abondance.

ANCÊTRE FEMME :

J'avais une question fétiche : « Qu'est-ce que cette personne fait dans la vie ? » Et si la réponse ne me convenait pas, alors je pouvais juger la personne et la considérer d'une façon pas très agréable. C'était une erreur de ma part, mais je ne le reconnais que maintenant. La réussite professionnelle a toujours été quelque chose de très important dans notre famille. Il fallait avoir une bonne situation et un bon travail.

Il fallait avoir des revenus convenables pour être bien considéré par les membres de notre famille. Quelle erreur ! Je tiens cette façon d'être et de faire de mes parents qui ont aussi hérité cela de leurs propres parents. Tu sais, nos ancêtres ont été sévèrement jugés et critiqués à cause de leur situation professionnelle. On les considérait comme inférieurs, car ils n'avaient pas une « bonne situation professionnelle ». L'être humain peut faire preuve d'une grande bêtise. Un de nos ancêtres a eu une boucherie et il a été obligé de la fermer. Cela a été une grande épreuve qui s'est répercutée ensuite sur l'ensemble des descendants. Ce n'est pas le seul responsable de cette mémoire familiale, mais nous avons besoin de nous défaire de ces injonctions de réussite professionnelle. Chaque membre de notre lignée subit une grande pression et cela crée de l'autosabotage et un violent syndrome d'imposteur. Il est temps que l'on puisse être nous-mêmes et je t'invite vraiment à le faire.

ANCÊTRE HOMME :

J'ai toujours voulu réussir professionnellement. C'était une injonction que j'ai reçue de mon père qui n'a pas réussi à s'épanouir comme il voulait dans sa vie professionnelle. Je devais réussir là où il pensait avoir échoué. Et tout tournait autour de mon travail et de mes revenus. C'était très fatigant. Nos ancêtres ont beaucoup travaillé dans le bois, dans les mines et avec le cuivre. C'étaient de vrais artistes, mais sous-payés. Et nous avons cette mémoire familiale que nous travaillons beaucoup pour très peu de salaire. Alors chaque descendant a ce désir de réussite et vit très mal les désagréments professionnels. Cela nuit à l'estime de nous-mêmes. Cela n'est pas juste, car on cherche toujours à être le meilleur ouvrier. Je me suis créé de gros problèmes de dos à me tuer à la tâche et je n'étais jamais satisfait de moi-même. Je devais toujours en faire plus. Quelle fatigue je me suis créée ! Le moment est venu d'être beaucoup plus doux avec nous-mêmes et de créer notre propre réussite plutôt que de courir après un but impossible à atteindre. Nous sommes des insatisfaits professionnels. Nous sommes très critiques envers nous-mêmes. Il faut que ça s'arrête. La réussite n'implique pas de s'oublier et de devoir tout sacrifier. Ne fais vraiment pas comme moi. Ne fais pas comme nous.

CONSEIL TRANSGÉNÉRATIONNEL :

Nous sommes l'énergie de la famille. La réussite professionnelle est quelque chose de très important pour notre lignée. Mais cela a créé beaucoup de drames, de douleurs et de sacrifices. Les membres de notre famille ont l'impression qu'ils doivent toujours en faire plus que les autres pour réussir et ils cherchent toujours à dépasser leurs objectifs, quitte à épuiser leurs ressources. Tu peux ressentir cette énergie au fond de toi. Tu peux travailler sur l'énergie de notre famille. Pour ce faire, arrête de te fixer des objectifs qui ne sont pas atteignables. Arrête de te comparer aux autres. Arrête de croire que tout est une compétition. Arrête de chercher à toujours vouloir faire plus ou mieux. Sois davantage dans l'expérience, dans l'instant présent. Autorise-toi à échouer, à faire des pauses, à commettre des erreurs et à te concentrer sur ce qui te fait vraiment vibrer. Cela va t'aider à créer un nouvel épanouissement et nous apporter une nouvelle énergie positive.

PRÉNOMS IMPORTANTS DE LA LIGNÉE :

Ce sont des prénoms qui ont joué un rôle très important dans notre lignée familiale. Tu peux appeler ces prénoms quand tu en ressens le besoin pour te donner du courage, pour avoir des conseils ou pour te protéger. Laurence, Laurent, Laurianne, Laeticia, Luc, Larisa, Larry, Lassie, Laure, Laury, Laya.

DATES IMPORTANTES DE LA LIGNÉE :

Ce sont des dates qui ont marqué et qui marquent encore notre lignée. Utilise ces dates pour mettre en place des choses très importantes pour toi. Le mois d'avril et le mois de septembre. Le 6 de chaque mois. Le 23 avril, le 23 juin, le 21 août, le 30 septembre, le 31 décembre.

MESSAGE DIVINATOIRE DE LA LIGNÉE :

Actuellement, tu es dans une énergie professionnelle très forte. Tu reçois des signes pour réaliser quelque chose de très important depuis quinze jours. Tu vas avoir le soutien de deux personnes. Ces personnes ne font pas partie de ton cercle personnel. Elles vont t'aider à t'organiser et à franchir les différentes étapes pour réaliser ce qui est important pour toi. Grâce à elles, tu vas accomplir de grandes choses et créer une nouvelle abondance et indépendance. Tu vas avoir besoin de plusieurs mois pour tout concrétiser, mais cela va te permettre de ressentir un vrai épanouissement personnel et professionnel.

ANCÊTRE FEMME :

Il y a eu beaucoup de séparations brutales dans notre famille. Tu as ce poids intérieur en toi. Tu peux le ressentir au niveau de ton chakra du plexus solaire. Beaucoup de femmes de notre famille ont pleuré des membres partis brutalement. Elles n'étaient pas préparées et elles ont eu beaucoup de difficultés à s'en remettre. Certaines n'ont jamais réussi à dépasser ces séparations. Elles étaient toujours liées à des événements extérieurs. Ce n'était pas la volonté des personnes de se quitter. Il y a eu la guerre, la maladie, les accidents. Cela a créé une grande peur du monde extérieur. Une grande peur de se quitter, car il y a cette mémoire qu'on ne va pas se retrouver. J'ai moi-même pleuré des membres de ma famille partis trop vite, trop brutalement. J'en garde encore un goût amer. Et même si je les ai retrouvés là où je suis, ces séparations ont été les pires expériences que j'ai pu vivre sur Terre. Tu peux avoir peur de perdre tes proches. Tu peux toujours avoir ce mauvais pressentiment que quelque chose de terrible leur est arrivé. On a un symbole pour ces séparations brutales : la voiture rouge. Je ne sais pas pourquoi, mais c'est un symbole qui se transmet de génération en génération. La voiture rouge. Tu as besoin de te détacher de ce karma, car tu vis tes relations dans la peur et dans l'angoisse et cela n'est vraiment pas juste pour toi. Je suis vraiment désolée.

ANCÊTRE HOMME :

Je suis parti brutalement. Je n'ai pas eu le temps de dire « au revoir ». Beaucoup de membres de ma famille n'ont pas eu le temps de dire « au revoir » ou même « je t'aime » à leurs proches. Il y a beaucoup d'hommes dans notre famille qui sont morts très jeunes. D'ailleurs, nous sommes marqués par l'âge de 18 ans. Cela ne veut pas dire qu'une mort est annoncée tous les 18 ans ou que quelque chose de terrible va arriver à nos descendants à leurs 18 ans, mais c'est un âge qui a fortement marqué les générations précédentes. Les membres de ma famille n'ont pas eu le temps de faire leurs adieux et cela a créé une grande frustration. Cela a donné l'impression qu'on abandonne nos proches, donc on cherche toujours à les rassurer et à faire tout pour qu'ils se sentent bien. On peut être étouffants sans même s'en rendre compte. On est toujours dans la crainte de laisser l'autre sans ressources et sans repères. C'est une grande responsabilité qui est très fatigante et c'est un karma familial qui se transmet de génération en génération. Il est très important que tu puisses te détacher de ce karma, car tu t'inquiètes toujours pour les autres et tu te laisses toujours de côté. Tu as besoin d'autre chose. Tu as besoin de prendre soin de toi.

CONSEIL TRANSGÉNÉRATIONNEL :

Nous sommes l'énergie de la famille. Les membres de notre famille ont toujours vécu leurs relations dans la crainte. Dans la crainte d'être abandonnés brutalement ou de laisser l'autre sans ressources. Cela a créé un schéma relationnel où tout est vécu dans l'inquiétude et où l'on cherche en permanence à tout anticiper. C'est épuisant pour les membres de notre famille, car, quand on s'attache à quelqu'un, alors tout est vécu dans la peur. Tu peux travailler sur ce karma familial si tu le souhaites. Pour ce faire, concentre-toi sur toi. Concentre-toi sur ce qui t'apporte du bonheur et sur ce qui t'aide à te sentir en sécurité. Ensuite, ose faire confiance à tes proches. Aie confiance en leurs capacités à prendre soin d'eux et quand une inquiétude injustifiée arrive, prends le temps de respirer profondément en répétant « tout va bien ». Ose aussi exprimer tes craintes pour que tes proches puissent te rassurer et te prouver que tes inquiétudes ne sont pas justifiées. Cela va t'aider à créer de nouveaux schémas relationnels et nous apporter une nouvelle énergie.

PRÉNOMS IMPORTANTS DE LA LIGNÉE :

Ce sont des prénoms qui ont joué un rôle très important dans notre lignée familiale. Tu peux appeler ces prénoms quand tu en ressens le besoin pour te donner du courage, pour avoir des conseils ou pour te protéger. Adel, Alvaro, Aimable, Amour, Annouk, Austin, Aurel, Antigone.

DATES IMPORTANTES DE LA LIGNÉE :

Ce sont des dates qui ont marqué et qui marquent encore notre lignée. Utilise ces dates pour mettre en place des choses très importantes pour toi. Les mois de mars et de septembre. Le 2 de chaque mois. Le 15 juin, le 3 septembre, le 21 octobre, le 20 novembre et le 23 décembre.

MESSAGE DIVINATOIRE DE LA LIGNÉE :

Actuellement, tu refuses de créer de nouvelles relations, car tu as peur que la personne parte brusquement. Tu as l'impression que tu ne peux pas supporter les séparations et tu refuses d'être seul·e. Cela crée une grande dualité qui est très déstabilisante. Prends le temps de créer une nouvelle relation avec la blessure d'abandon. Tu peux demander de l'aide si tu en ressens le besoin. Cela va te permettre de créer un nouvel équilibre avec le monde extérieur. Il y a de nombreuses synchronicités qui sont en chemin vers toi. Tu vas rencontrer de nombreuses personnes qui vont être très importantes pour toi avec qui tu vas vivre des expériences incroyables. Ces personnes vont t'aider à sortir de ta zone de confort et tu vas te sentir en sécurité à leurs côtés. Mais pour cela, ose dépasser cette dualité en regardant ta blessure d'abandon d'une nouvelle façon.

ANCÊTRE FEMME :

J'ai toujours eu de grandes capacités manuelles. J'adorais coudre, cuisiner et créer des meubles. J'étais très douée de mes mains. J'aurais voulu encore explorer ce talent par la poterie ou la peinture, mais la société ne m'a pas permis de le faire. Je ne suis pas en colère. Peut-être un peu frustrée, mais pas du tout en colère. Et tu sais pourquoi ? Car je sais que ce talent ne s'est pas éteint avec moi.

Tu as, comme toutes les femmes de notre lignée, ce talent, toi aussi. Il est en toi et il n'attend qu'une chose : être exploré. C'est un talent de création par les mains. Tes mains savent créer de belles et de grandes choses. Tu as une vraie âme d'artiste et tu penses que tout un chacun voit le monde comme toi, mais ce n'est pas vrai. Tu sais regarder les détails et t'émerveiller des différentes nuances de couleur. Tu as ce regard si pur qui rend merveilleux tout ce qui croise ton chemin. Tu as cette capacité à éveiller chez l'autre ses plus belles émotions. Tu as cette compétence d'émerveiller et d'émouvoir. Moi, je me suis épanouie par les activités que j'avais le droit de faire, que la société m'autorisait, mais aujourd'hui les choses ont changé. Tu peux faire encore plus que moi. Tu peux t'épanouir grâce à ce talent, alors fais-le. Au nom de toutes les femmes de notre lignée, ose explorer ce merveilleux talent.

ANCÊTRE HOMME :

Dans notre famille, nous avons tous un talent. Ce talent se transmet de génération en génération. C'est une force et une capacité de création incroyable. Cela nous nourrit de l'intérieur et nous aide à être bien et heureux. Je n'ai pas pu profiter pleinement de ce talent. J'avais beaucoup de responsabilités et beaucoup de personnes comptaient sur moi. Alors j'ai laissé ce talent en sommeil au plus profond de mon être. Pourtant, dès que j'avais un moment disponible, j'essayais de me consacrer à ce talent, mais le quotidien me rattrapait toujours. Ce talent a besoin d'être exploré et mis en avant. C'est la mission de notre lignée : nous épanouir avec ce talent et apporter une empreinte positive pour les autres. Tu as ce talent en toi. Tu peux l'utiliser. Tu peux le mettre en avant. Tu peux même le faire grandir. Ose croire en tes capacités et tes compétences et ose mettre en lumière ta grandeur d'âme et d'être. Tu n'es pas obligé·e d'en faire ton métier, mais prends le temps et organise-toi pour faire rayonner ce merveilleux talent qui est la signature de notre famille. Si tu n'y arrives pas, ne t'en veux pas. Le but est toujours que tu puisses faire de ton mieux.

CONSEIL TRANSGÉNÉRATIONNEL :

Nous sommes l'énergie de la famille. Nous avons ce talent qui est un vrai cadeau. C'est une des missions de notre lignée. Faire grandir le plus possible ce talent. Ne vois pas cela comme une obligation. Tu as ton libre arbitre et tu as le droit de ne pas t'y intéresser. Il n'y a aucune rancœur de notre part.

Ce qui compte, c'est ton épanouissement. Ce talent n'est pas à vivre comme une contrainte. C'est un chemin d'épanouissement, de liberté et de bien-être. Mais il en existe beaucoup d'autres. Alors, si tu en as envie, explore ce talent et mets-le en avant. Découvre toutes tes capacités manuelles et laisse-toi emporter par la puissance de ton inspiration. Renseigne-toi sur notre histoire, sur ce que nous avons déjà créé. Tu peux même t'en servir comme talisman de protection ou pour ressentir notre présence. Nous sommes à tes côtés, quoi que tu fasses. Nous sommes avec toi. Nous t'épaulons, mais rappelle-toi que tu n'es obligé·e de rien. Nous t'aimons pour qui tu es. Ce talent est une force intérieure qui t'aide à te détacher des injonctions qui ne te correspondent pas, même si tu ne l'utilises pas. C'est un vrai pouvoir intérieur.

PRÉNOMS IMPORTANTS DE LA LIGNÉE :

Ce sont des prénoms qui ont joué un rôle très important dans notre lignée familiale. Tu peux appeler ces prénoms quand tu en ressens le besoin pour te donner du courage, pour avoir des conseils ou pour te protéger. Georges, Gabriel, Gilbert, Garance, Gaston, Gaspard, Gilles.

DATES IMPORTANTES DE LA LIGNÉE :

Ce sont des dates qui ont marqué et qui marquent encore notre lignée. Utilise ces dates pour mettre en place des choses très importantes pour toi. Le 13 de chaque mois, le 28 février, le 3 mars, le 24 avril, le mois de juin, le 17 septembre, le 2 octobre, le 30 novembre.

MESSAGE DIVINATOIRE DE LA LIGNÉE :

Le 13 du mois prochain, tu vas recevoir un signe très important. Ce signe va être présent lors d'un rêve qui va être très marquant. Lors de ce songe, tu vas communiquer avec un de tes ancêtres et il va te donner un conseil très précieux concernant un projet de cœur. Tu doutes de ta capacité à le réaliser et tu as l'impression que tu es face à des embûches ? Ce n'est pas vrai. Tu vas réussir à relever le défi et cela va te permettre d'avoir les résultats positifs à tes attentes et à tes efforts. À partir de ce rêve et jusqu'à la réussite de ce projet, tu vas être guidé·e et protégé·e par trois femmes de ta lignée. Elles vont t'aider à être persévérant·e et motivé·e pour dépasser les événements imprévus et franchir toutes les étapes. Elles vont être de vrais anges protecteurs.

À PROPOS DE L'AUTEURE

Isabelle Cerf est une véritable Lightworker. Diplômée en psychologie, écrivaine et conférencière, elle met depuis plusieurs années ses capacités spirituelles au service des autres pour les aider à se connecter à eux-mêmes et à leur mission de vie.

Son objectif est de créer des outils leur permettant d'être le plus autonomes possible dans leur démarche d'éveil spirituel. Elle est l'auteure des cartes oracle *Le Chakra du cœur*, *Mission de vie*, *Vies antérieures*, *Libération énergétique*, *La Puissance de la Lune* et *La Voix des âmes*, parues chez le même éditeur ; du livre *Le Pouvoir insoupçonné de tes blessures et de tes blocages*, ainsi que du best-seller *Le Guide du Lightworker*.

www.lesoraclesdisa.fr
@lesoraclesdisa
@les_oracles_disa
@isabelle_cerf

À PROPOS DE L'ILLUSTRATRICE

Daphna Sebbane est une illustratrice américaine qui vit à Austin, au Texas. Elle tire son inspiration de la culture californienne, de l'occulte et du mysticisme.

www.daphnasebbane.com
@daphnasebbane

pca
cmb
édition pré-presse
livres numériques

44400 Rezé